JN043933

男子ごはん の本 その15

DANSHIGOHAN

INDEX 目次

SPRING

SUMMER

●当書籍には、『男子ごはん』(テレビ東京系)で紹介された内容
　＜#715(2022年2月27日放送)〜#766(2023年2月19日放送)＞を
　掲載しています。
●書籍化にあたり、レシピの一部を改訂しています。

●以下の放送は総集編のため、レシピの掲載はありません。
#722(2022年4月17日放送)『男子ごはんの本 その14出版記念』
#741(2022年8月28日放送)『夏に食べたいぶっかけ飯特集』
#760(2023年1月8日放送)『男子ごはんアワード2022』

ATTENTION　この本を、もっと活用していただくために。

☑ **メニューの脇に「ジャンル別」「素材別」の アイコンをつけています。**

メインからサイドメニューまで、この本に載っている全ての レシピタイトルを「素材・ジャンル別INDEX」（p.134）に まとめています。今日の献立に迷った時は、INDEXから逆 引きしてみてください。

ジャンル別

和	＝和食	中	＝中華料理
洋	＝洋食	韓	＝韓国料理
伊	＝イタリアン	亜	＝アジア料理
印	＝インド料理	仏	＝フランス料理
西	＝スペイン料理		

素材別

飯	＝ごはん・お米	麺	＝麺・パスタ
粉	＝粉物料理	肉	＝肉料理
魚	＝魚介料理	菜	＝野菜料理
豆	＝豆腐料理	汁	＝汁物・スープ
肴	＝おつまみ	鍋	＝鍋料理
甘	＝おやつ		

☑ **材料に記した分量は、 大さじ1＝15cc（㎖）、 小さじ1＝5cc（㎖）です。**

☑ 　

とは？

料理を簡単＆美味しく作るために、欠かせないポイント。料 理ビギナーから中・上級者まで思わず納得の裏技満載なの で、ぜひ参考にしてみてください。

和 麺 松江おどん

材料（2人分）

うどん（茹でたもの）：2玉
おでんダネ（好みで）：8個
大根：6cm
水：1500cc
だし昆布：15g
あごだし：3パック

a
酒：大さじ2
みりん：大さじ1
塩：大さじ½
薄口しょうゆ：小さじ2

塩、岩海苔、青ねぎ（小口切り）：各適宜

★松江おどんとは？
あごだしのおでんにうどんを入れた、松江市発祥のご当地鍋料理。葉物野 菜や島根県産の食材が入っていることが多い。

SHIMPEI'S POINT
*1 大根は薄めに切ることで、味が早く染み 込み、うどんと一緒に食べやすくなる。
*2 大根を下茹ですることで、だしに辛味や えぐみが広がるのを防ぐことができる。

作り方

① 大きめの鍋に水とだし昆布を入れて30分～1時間程 置き、中火にかける。沸いてきたらあごだしを加えて 弱火で2～3分煮出す。

② 大根は1cm厚さに切って少し厚めに皮をむく。①と 別の鍋に湯を沸かし、大根を入れて強火にかけ、 竹串がスッと通るまで茹でる。水気をきる。

③ ①のだし1200ccを②と別の鍋に入れ、中強火にか ける。aを加えて混ぜ合わせ、②を加えて沸いてき たら中弱火で15分煮る。おでんダネを加えて10分煮 る。味をみて足りなければ、塩でととのえる。

④ うどんを加えて一煮する。

⑤ 器に盛って岩海苔、青ねぎをのせる。

和 飯 うずめ飯

材料（2人分）

温かいごはん：適宜
鯛：1切れ
れんこん：小1節（100g）
油揚げ：1枚（30g）
豆腐（木綿）：½丁（約120g）
にんじん：小½本（60g）

a
かつおだし：600cc
薄口しょうゆ：大さじ3
酒、みりん：各大さじ1
砂糖：小さじ1
塩：小さじ½

塩：適宜
三つ葉（ざく切り）、生わさび：各適宜

★うずめ飯とは？
ごはんの下に、魚や野菜が隠れた島根県西部の郷土料理。江戸時代に贅 沢を悟られないよう、具材をごはんに "埋め" たことが由来のひとつ。

作り方

① 鯛は塩少々を振り、皮目を上にしてグリルで6分程 中火で焼く。

② れんこんは皮をむいてから1cm角に切って水に5分 さらし、水気をきる。油揚げ、豆腐は1cm角に切る。 にんじんは皮をむいて7mm角に切る。

③ 鍋にaを入れて強火にかけ、沸いてきたら②を加え る。①を皮ごと加え、ほぐしながら中火で10分煮る。 味をみて塩でととのえる。

④ 器に③を盛ってごはんをのせ、三つ葉、生わさびを 添える。

009

☑ **お酒アイコンとは？**　メニューの脇に、一緒に飲むと相性抜群の お酒のアイコンを掲載しています。

ビールに よく合う！　白ワインに よく合う！　赤ワインに よく合う！　ハイボールに よく合う！

日本酒に よく合う！　燗酒に よく合う！　マッコリに よく合う！　シャンパンに よく合う！

レモンサワーに よく合う！

SPRING
男子ごはんの春。

松江おどん
うずめ飯

47 都道府県
ご当地
ごはん

第16弾
島根県編

photo by TAICHI

和 麺 松江おどん

材料（2人分）

うどん（茹でたもの）：2玉		a	酒：大さじ2
おでんダネ（好みで）：			みりん：大さじ1
8個			塩：大さじ½
大根：6cm			薄口しょうゆ：
水：1500cc			小さじ2
だし昆布：15g			
あごだし：3パック		塩、岩海苔、青ねぎ（小口切	
		り）：各適宜	

★松江おどんとは？
あごだしのおでんにうどんを入れた、松江市発祥のご当地麺料理。葉物野菜や島根県産の食材が入っていることが多い。

SHIMPEI'S POINT

*1 大根は薄めに切ることで、味が早く染み込み、うどんと一緒に食べやすくなる。

*2 大根を下茹ですることで、だしに辛味やえぐみが広がるのを防ぐことができる。

作り方

① 大きめの鍋に水とだし昆布を入れて30分〜1時間程置き、中火にかける。沸いてきたらあごだしを加えて弱火で2〜3分煮出す。

② 大根は1cm厚さに切って少し厚めに皮をむく。*1 ①と別の鍋に湯を沸かし、大根を入れて強火にかけ、*2 竹串がスッと通るまで茹でる。水気をきる。

③ ①のだし1200ccを②と別の鍋に入れ、中強火にかける。aを加えて混ぜ合わせ、②を加えて沸いてきたら中弱火で15分煮る。おでんダネを加えて10分煮る。味をみて足りなければ、塩でととのえる。

④ うどんを加えて一煮する。

⑤ 器に盛って岩海苔、青ねぎをのせる。

和 飯 うずめ飯

材料（2人分）

温かいごはん：適宜		a	かつおだし：600cc
鯛：1切れ			薄口しょうゆ：大さじ3
れんこん：小1節（100g）			酒、みりん：各大さじ1
油揚げ：1枚（30g）			砂糖：小さじ1
豆腐（木綿）：⅓丁			塩：小さじ½
（約120g）		塩：適宜	
にんじん：小½本（60g）		三つ葉（ざく切り）、	
		生わさび：各適宜	

★うずめ飯とは？
ごはんの下に、魚や野菜が隠れた島根県西部の郷土料理。江戸時代に贅沢を悟られないよう、具材をごはんに"埋め"たことが由来のひとつ。

作り方

① 鯛は塩少々を振り、皮目を上にしてグリルで6分程中火で焼く。

② れんこんは皮をむいてから1cm角に切って水に5分さらし、水気をきる。油揚げ、豆腐は1cm角に切る。にんじんは皮をむいて7mm角に切る。

③ 鍋にaを入れて強火にかけ、沸いてきたら②を加える。①を皮ごと加え、ほぐしながら中火で10分煮る。味をみて塩でととのえる。

④ 器に③を盛ってごはんをのせ、三つ葉、生わさびを添える。

SPRING
716

レモンサワーに合う おつまみ３品

ザクザクエビのごましょうゆがらめ／豚ひき肉と豚もつのレモンリエット
太一本気レシピ 太ちゃん焼き（鶏ちゃん焼き）

太一
レシピ
TAICHI'S RECIPE

TAICHI's comment

ごましょうゆがらめのたれは
黒ごまがきいていて
パンチのある味つけ。
リエットはこってりとした豚肉と
レモン果肉の爽やかさが絶妙。
香ばしい太ちゃん焼きは
しっかり味で美味しい！

photo by TAICHI

和肴 **ザクザクエビのごましょうゆがらめ** ❶ レモンサワーに
よく合う！

材料（2〜3人分）

エビ（大）：10尾	揚げ油：適宜
塩：小さじ¼	b にんにく
黒こしょう：適宜	（すりおろし）：½片分
a 水：70cc	しょうゆ、酒：各大さじ1
薄力粉：大さじ6	みりん、すし酢、
片栗粉：大さじ2	黒炒りごま：各大さじ½
ベーキングパウダー、	砂糖：小さじ1
サラダ油：各小さじ1	片栗粉：小さじ½

SHIMPEI's POINT
衣にベーキングパウダーを加えることで、ザクザクと軽い食感に仕上がる。

作り方

① エビは殻をむいてから背開きにし、背ワタを取り除く。塩、黒こしょうを振る。

② ボウルにaを混ぜ合わせる。なめらかになったら①をaにくぐらせて、170℃に熱した揚げ油で中火で揚げる。衣がかたまってきたらたまに返し、カリッと薄いきつね色になってきたら油をきって取り出す。

③ フライパンにbを合わせて中火にかける。少しとろみがついたら②のエビを加えて、ザッとからめる。

仏肴 豚ひき肉と豚もつのレモンリエット ①レモンサワーによく合う!

材料(作りやすい分量)

豚ひき肉:200ｇ
豚白もつ:150ｇ
にんにく:1片
パセリ:10ｇ
バジル:10ｇ

生クリーム:200cc
塩:大さじ½
黒こしょう:適宜
レモン:1個
バゲット(スライス):適宜

★リエットとは?
フランスで生まれた、豚肉を煮込んでペースト状にした料理。

SHIMPEI'S POINT 豚白もつは固形感が無くなるまで撹拌することで、肉の脂が全体に溶け込み、ねっとりと美味しく仕上がる。

作り方

① にんにく、パセリ、バジルはみじん切りにする。

② フライパンに油をひかずに、にんにく、豚ひき肉を入れ、ほぐしながら強火で炒める。肉の色がほぼ変わったら、豚白もつを加えて炒める。

③ 生クリーム、パセリ、バジルを加えて中火で3分煮る。とろみがついてきたら塩、黒こしょうで味をととのえる。ボウルに移し、常温で粗熱が取れるまで冷ます。

④ ③をなめらかになるまでハンドブレンダーにかけ、冷蔵庫で1～2時間程冷やす。

⑤ レモンは皮をむいて果肉だけを取り出し、5mm厚さに切る。④に加えて和える。

⑥ 器に⑤を盛り、上からレモンの皮をすりおろす。バゲットを添える。

和肴 太一本気レシピ 太ちゃん焼き(鶏ちゃん焼き) ①レモンサワーによく合う!

材料(2人分)

鶏もも肉:大1枚(約300ｇ) a
キャベツ:¼個
玉ねぎ:½個
ごま油:大さじ1
青ねぎ(小口切り):適宜

酒、みそ:各大さじ2
しょうゆ:大さじ1
砂糖、みりん:各小さじ2
にんにく、しょうが
(各すりおろし):
各小さじ1
赤唐辛子(小口切り):
小さじ½

TAICHI'S POINT 鶏もも肉は焼く前に合わせ調味料に2時間漬け込むことで、しっかりと味が染み込む。

作り方

① 鶏もも肉はフォーク等で数カ所穴を開けてから一口大に切る。ボウルにaを混ぜ合わせ、鶏肉を加えてもみ込み、2時間置く。

② キャベツは大きめのざく切り、玉ねぎは縦薄切りにする。

③ フライパンを熱してごま油をひき、①、玉ねぎを入れて中火で4～5分程炒める。鶏肉にほぼ火が通ったらキャベツを加えて蓋をする。たまに混ぜながら、キャベツがしんなりするまで炒める。

④ 器に盛って青ねぎを振る。

SPRING
717

ポークソテー　バジルクリームソース
ニョッキ　アラビアータ

TAICHI's
comment

ポークソテーはチーズのコクと、
さっぱりとしたバジルが合わさって
絶妙なバランスですね！
ニョッキアラビアータは
サラダ感覚で食べられます。

photo by TAICHI

伊 肉 ポークソテー
バジルクリームソース

材料（2人分）

豚ロース肉
（とんかつまたはソテー用）:
2枚（260g）
たけのこ（水煮）:150g
塩:小さじ⅓
黒こしょう、片栗粉:
各適宜
オリーブ油:適宜
クレソン:適宜

【バジルクリームソース】
バジル（みじん切り）:15g
生クリーム:200cc
にんにく（みじん切り）:
1片分
塩:小さじ⅓
ピザ用チーズ:30g

作り方

① 豚ロース肉は筋切りをして、肉たたき等でたたく。塩、黒こしょうを振って片栗粉をまぶす。たけのこは食べやすい大きさに切って片栗粉をまぶす。

② フライパンを熱してオリーブ油大さじ1をひいて①を並べ入れ、蓋をして中火で焼く。焼き目がしっかりついたら返して両面を焼く。途中、オリーブ油が足りなくなったら適宜足す。バット等に取り出す。

③ バジルクリームソースを作る。②のフライパンの余分な脂を拭き取ってから、バジル、生クリーム、にんにく、塩を加えて中火で煮詰める。とろみがついてきたらピザ用チーズを加える。

④ 器に豚肉を盛って③のソースをかけ、たけのこ、クレソンを添える。黒こしょうを振る。

伊 麺 ニョッキ アラビアータ

材料（2〜3人分）

【ニョッキ】
じゃがいも:400g
強力粉:60g
a ┌ パルミジャーノ
　（すりおろし）:5g
　オリーブ油:大さじ½
　└ 塩:小さじ⅓
塩:適宜

【アラビアータソース】
にんにく:2片
赤唐辛子:1本
トマト水煮缶
（ダイスカット）:1缶
白ワイン:大さじ2
塩:小さじ½

オリーブ油、パルミジャーノ:
各適宜

★ニョッキとは？
潰したじゃがいもと小麦粉を混ぜて作る、小さな団子状のパスタ。本来の意味は"塊"。かぼちゃやさつまいもで作ることもある。

作り方

① ニョッキを作る。じゃがいもは皮をむいてから4〜8等分に切って鍋に入れ、かぶるくらいの水を加えて20〜30分茹でる。竹串がスッと通ったら水気をきり、再び強火にかけて水分を飛ばす。

② ボウルに移してマッシャー等で潰す。強力粉、aを加え、混ぜてよくこねる。直径2cmくらい（15g／個）に丸め、フォークで押さえて溝を作る。

③ 鍋に湯を沸かして塩を加え、②を加えて2〜3分程茹でる。浮いてきたらさらに30秒程茹で、水気をきって取り出す。

④ アラビアータソースを作る。にんにくは縦薄切りにする。フライパンにオリーブ油大さじ2をひき、にんにくを入れて中弱火で炒める。少し色づいてきたら、種ごと赤唐辛子を加えて炒め、トマト水煮缶、白ワインを加える。中強火で5分程煮詰める。木べらで混ぜた時鍋肌が見えるくらい煮詰めたら、塩を加えてととのえる。

⑤ 器にニョッキを盛って④のソースをかけ、オリーブ油を回しかける。上からパルミジャーノをすりおろす。

SHIMPEI's POINT じゃがいもは、水分をよく飛ばすと小麦粉となじみが良くなり成形しやすくなる。

SPRING
718

春の和定食

タラの芽と行者にんにくの混ぜごはん
鶏の直火焼き 春のあんかけ／菜の花としいたけのごま吸い

TAICHI's comment

混ぜごはんは、優しい味で美味しい！
鶏の直火焼きは鶏肉と
たけのこの相性が抜群です。
ごま吸いは菜の花の香りが
きいています。

photo by TAICHI

和飯 タラの芽と行者にんにくの混ぜごはん

材料（2～3人分）

タラの芽：6～7個（60g）
行者にんにく：
1パック（50g）
油揚げ：1枚（35g）

a ┌ しょうゆ：大さじ3
  │ 酒：大さじ2
  └ みりん、砂糖：各大さじ1
ごま油：大さじ½
温かいごはん：2合分

★タラの芽とは？
タラノキの新芽のこと。4～5月頃が天然物の旬。

★行者にんにくとは？
にんにくのような香りがある、ネギ属の山菜。4～5月頃が天然物の旬。

作り方

① タラの芽は根元の茶色い皮をそぎ落とし、粗みじん切りにする。行者にんにくは粗みじん切りにする。油揚げは1cm角に切る。aを混ぜ合わせる。

② フライパンを熱してごま油をひき、タラの芽を強火で炒める。油が回ったら行者にんにく、油揚げを加えて炒める。aを加えて中火で汁気が無くなるまで炒め合わせる。

③ ごはんに②を加えてサックリと混ぜる。

和 肉 鶏の直火焼き 春のあんかけ

材料（2人分）

鶏もも肉：小2枚（550g）	【グリンピースたけのこあん】
アスパラ菜：½袋	グリンピース：5さや（40g）
塩：小さじ½	たけのこ（水煮）：80g
黒こしょう、サラダ油：	しょうが：1片
各適宜	a：かつおだし：200cc
	酒、みりん、
	薄口しょうゆ：各大さじ1
	塩：小さじ½
	b：片栗粉、水：各大さじ1

★アスパラ菜とは？
アスパラガスの風味がある菜花。11〜3月頃が旬。

焼き上がり時間を考慮し、鶏肉に焼き目がついてから、アスパラ菜を加えて一緒に焼く。

作り方

① 鶏もも肉は余分な脂身を取り除いてから、大きめの一口大に切り、塩、黒こしょうを振る。アスパラ菜は根元を切り落としてサラダ油をからめる。

② グリルの網に鶏肉の皮目を上にしてのせ、弱火で10分程焼く。空いているところにアスパラ菜を加え、強火にして4〜5分焼く。焼き目がついたら取り出す。

③ グリンピースたけのこあんを作る。グリンピースはさやから取り出し、たけのこは長さを3等分に切ってから縦5mm厚さに切る。しょうがはすりおろす。

④ 小鍋にaを入れて中強火で煮立て、グリンピース、たけのこ、しょうがを加えて一煮する。グリンピースに火が通ったら、よく混ぜ合わせたbを加え、混ぜながらとろみがつくまで煮詰める。

⑤ 器に②を盛って④をかける。

和 汁 菜の花としいたけのごま吸い

材料（2人分）

菜の花：½束（80g）	a：薄口しょうゆ：大さじ1½
しいたけ：1個（30g）	酒：大さじ1
かつおだし：500cc	みりん：大さじ½
	塩：小さじ½
	黒すりごま：大さじ1
	塩：少々

菜の花はサッと茹でることで、シャキシャキの食感に仕上がる。

作り方

① 菜の花は塩を加えた熱湯で、茎のみを沈めて10秒茹で、花の部分も入れて10秒茹でる。ザルに上げて流水で冷やし、水気をしっかり絞って長さを3等分に切る。しいたけは石づきを落として縦薄切りにする。黒すりごまはすり鉢で少しねっとりするまでする。

② 小鍋にかつおだしを入れて中強火にかけ、aを加えて混ぜ、一煮する。しいたけを加える。

③ ①のすり鉢に②の汁適宜を加え、黒すりごまを溶き混ぜて②の鍋に加える。同様に数回繰り返して、黒すりごまを全て鍋に加える。

④ 器に菜の花を入れ、②を盛る。

SPRING
719

ごまじそバターじゃが／炒り豆腐

簡単じゃがフライ（ごまじそバターじゃがを使ったアレンジレシピ）
炒り豆腐のちらし寿司（炒り豆腐を使ったアレンジレシピ）

作り置きおかずシリーズ第3弾

photo by TAICHI

和菜 ごまじそバターじゃが

材料（作りやすい分量）

じゃがいも：大3個
（700g）
青じそ：20枚

バター：30g
白炒りごま：大さじ1
塩：小さじ1

作り方

① じゃがいもは皮をむいて4〜5cm角に切る。鍋に入れ、かぶるくらいの水を加えて強火にかける。沸いてきたらフツフツするくらいの火加減で茹でる。竹串がスッと通ったら茹で汁を捨て、再び強火にかけて水分を飛ばす。

② ボウルに移し、みじん切りにした青じそ、バター、白炒りごま、塩を熱いうちに加えて和える。

和 豆 炒り豆腐

材料（作りやすい分量）

豆腐（木綿）：2丁
こんにゃく：½枚（100g）
にんじん：¼本（50g）
れんこん：小1節（100g）
しいたけ：3個（60g）
油揚げ：1枚（35g）

砂糖：小さじ1
ごま油：大さじ1½
a｜かつおだし：100cc
　｜しょうゆ：大さじ6
　｜酒、みりん、砂糖：
　｜各大さじ2
　｜塩：小さじ⅓

作り方

① 豆腐は水気をきってキッチンペーパーで包んでザルにのせる。その上に水を張ったボウルをのせて1時間置き、しっかり水きりをする。

② こんにゃくは5mm厚さに切ってから2cm長さの短冊切りにしてボウルに入れ、砂糖を加えてもみ込み20分置く。出てきた水分をしっかり絞る。にんじんはこんにゃくと同じくらいの大きさに切る。れんこん、しいたけ、油揚げは1cm角に切って、れんこんはサッと水にさらす。aを混ぜ合わせる。

③ フライパンを熱してごま油をひき、こんにゃく、にんじん、水気をきったれんこんを強火で炒める。れんこんが少し透き通ってきたら①を手で崩しながら加え、木べらでほぐしながら炒める。

④ 豆腐がポロポロしてきたらしいたけ、油揚げを加えて炒める。全体に油が回ったらaを加え、たまに混ぜながら水分が無くなるまでしっかり炒め煮する。

SHIMPEI'S POINT しっかりと火を入れて濃い味に仕上げることで日持ちが良くなり、冷蔵庫で約1週間保存が可能になる。

ごまじそバターじゃがを使ったアレンジレシピ
和 菜 簡単じゃがフライ

材料（作りやすい分量）

ごまじそバターじゃが：
12個

a｜卵：1個
　｜薄力粉：大さじ3
　｜水：大さじ2
パン粉、揚げ油：各適宜

作り方

① aの材料を混ぜてバッター液を作る。

② ごまじそバターじゃがを①にくぐらせて、パン粉をしっかりとまぶす。

③ 揚げ油を170℃に熱し、②を入れて中火で揚げる。衣がかたまってきたら、たまに返しながらきつね色に揚げる。

炒り豆腐を使ったアレンジレシピ
和 飯 炒り豆腐のちらし寿司

材料（作りやすい分量）

炒り豆腐：適宜
酢飯：適宜
卵：1個
砂糖：少々

サラダ油：小さじ1
さやえんどう（塩茹でして
細切りにしたもの）：適宜

作り方

① ボウルに卵を割り入れ、砂糖を加えて混ぜる。熱したフライパンにサラダ油をひき、卵液を流し入れて強火にかけて炒り卵にする。

② 酢飯を器に盛り、上に炒り豆腐、①、さやえんどうをのせる。

SPRING
720

春の定番祭り！ その1 揚げ物

鶏の唐揚げ／とんかつ
エビ天／かき揚げ

TAICHI's comment

唐揚げはサクサクジューシーで美味しい！
とんかつはお肉の旨味を
存分に感じられる仕上がり。
エビ天はみずみずしさがしっかり残っています。
かき揚げは衣が軽くて食べやすいです。

photo by TAICHI

鶏の唐揚げ

材料（2人分）

鶏もも肉：大1枚（約300ｇ）
a にんにく、しょうが
（各すりおろし）：
各1片分
しょうゆ：大さじ2
酒：大さじ1

片栗粉、揚げ油：各適宜
レモン（くし形切り）：適宜

作り方

① 鶏もも肉は10等分に切る。ボウルに a を混ぜ合わせ、鶏肉を加えてもみ込み、30分程置く。[*1]

② ①に片栗粉大さじ4を加えて混ぜる。[*2]

③ 別のボウルに片栗粉を適宜入れ、②の肉を皮を伸ばしながら1個ずつ加えてしっかりまぶす。

④ 揚げ油を160～170℃に熱して③を入れる。[*3] 衣がかたまってきたら、たまに返しながら中火で5分程揚げる。[*4] 油をきって取り出す。

⑤ 器に盛ってレモンを添える。

心平's 料理の すすめ

*1 鶏肉の皮をあえて切り取らずに残し、片栗粉をまとわせてカリカリ食感に仕上げる。肉の厚みを考慮し、なるべく均等な大きさに切る。

*2 2段階で片栗粉をまぶすことで表面の水分がコーティングされ、サクサクに揚がる。鶏肉の皮を伸ばしてしっかりと衣をつける。

*3 揚げ油は、少量の衣を入れた途端にすぐ散る状態が160～170℃の目安。

*4 唐揚げの衣にしょうゆを使っているため、焦げやすいので注意が必要。水分が抜け、唐揚げが浮いてきて軽くなった時が揚げ上がりのベストタイミング。

とんかつ

材料（2人分）

豚リブロース肉：
2枚（300ｇ）
塩：小さじ⅓
白こしょう：適宜[*1]

溶き卵：1個分
薄力粉、パン粉、揚げ油：
各適宜
キャベツ（千切り）、
トマト（くし形切り）：
各適宜
からし、とんかつソース：
各適宜

作り方

① 豚リブロース肉は筋切りをして、[*2] 塩、たっぷりの白こしょうを両面に振る。

② 薄力粉、溶き卵、パン粉をそれぞれバットに入れる。①に薄力粉をしっかりまぶし、溶き卵をからめ、パン粉をまぶす。

③ 揚げ油を170℃に熱し、[*3] ②を入れて中火で揚げる。衣がかたまってきたらたまに返しながら3～4分揚げる。きつね色になったら油をきって取り出す。[*4]

④ 食べやすい大きさに切って器に盛り、キャベツ、トマト、からしを添える。とんかつソースをかけて食べる。

心平's 料理の すすめ

*1 とんかつの下味に白こしょうを使うことで、肉の風味が引き立ち、美味しく仕上がる。

*2 厚みがあって大きな豚肉を調理する際には、反り返しを防ぐために筋切りをする。

*3 脂身は揚がりにくいので、170℃の油で3～4分しっかり揚げる。

*4 とんかつは長時間揚げすぎると水分が抜けてしまうので、揚げすぎないように注意する。

和 魚 エビ天

材料(2人分)

エビ(特大)：4尾
a ┌ 水：大さじ4 *1
　 └ 天ぷら粉：大さじ3

揚げ油：適宜
天つゆ、塩、大根おろし、
しょうが(すりおろし)：
各適宜

★天ぷら粉とは？
水を加えて粉が少し残るくらいに適宜混ぜるだけで、簡単に衣ができる。小麦粉で衣を作る場合、卵を加える必要があり、水の温度や衣の混ぜ方にも技術と経験が必要になるので難しい。

心平's 料理のすすめ

*1 エビ天は具に衣をしっかりとまとわせて揚げるため、衣の水分を多めにする。

*2 揚げすぎるとエビの旨味が抜けてしまうので、揚げ時間に注意する。

作り方

① エビは尾を残して殻をむき、尾の先を切り落として包丁で汚れをこそぐ。竹串で背ワタを取り除き、背と腹に包丁で細かく切り込みを入れてから軽くひっぱってプチプチと伸ばす。水気を拭き取る。

② ボウルにaを混ぜる。

③ 揚げ油を170℃に熱し、①を②の衣にくぐらせて揚げ油に入れる。エビの上に菜箸で衣を少量振って細かい衣をつける。衣がかたまってきたら返しながら全体がカリッとするまで中火で1分半程揚げる。*2 油をきって取り出す。

④ 器に盛って、天つゆ、塩、大根おろし、しょうがを添える。

和 菜 かき揚げ

材料(2人分)

にんじん：½本(80g)
長ねぎ：½本(70g)

天ぷら粉、水：各大さじ3 *1
揚げ油、天つゆ、塩：各適宜

心平's 料理のすすめ

*1 かき揚げは具と衣を一体化させて揚げるため粉を多めに混ぜる。具と一体となりつつサクサク感のある、絶妙なバランスの衣が目標。

*2 かす揚げ等で具材をまとめて揚げることで、キレイに仕上がる。

作り方

① にんじんは6cm長さに切って千切りにする。長ねぎは6cm長さに切って縦細切りにする。

② ①をボウルに入れ、天ぷら粉、水を加えてよく混ぜ合わせる。

③ 揚げ油を170℃に熱する。かす揚げに②を適宜のせ、丸く平らに成形して揚げ油にそっと入れる。*2 少しかたまってきたらかす揚げからスルッとはずす。残りも同様にして揚げ油に入れる。

④ 周りがかたまってきたらたまに返しながら中火で揚げ、全体がカリッときつね色になってきたら油をきって取り出す。

⑤ 器に盛って、天つゆや塩を添える。

DANSHI GOHAN

SPRING 721

春の定番祭り！ その2 和風だれの黄金比率

豚のしょうが焼き
うどん／肉じゃが

TAICHI'S comment

黄金比率の和風だれは
定番だからこそホッとする味で、
間違いなく美味しく仕上がります。
調味料が同じ比率でも、
食材が変わると
こんなにも味が変わるのは驚きです！

photo by TAICHI

和 肉 豚のしょうが焼き

材料（2人分）

豚肩ロース肉
（しょうが焼き用）：
6枚（250ｇ）
しょうが：1片

a｜ しょうゆ：大さじ2
　｜ 酒、みりん：各大さじ1
ごま油：大さじ1
キャベツ（千切り）、トマト
（くし形切り）、マヨネーズ：
各適宜

料理のすすめ｜心平's
*1 たれだけを別のフライパンで熱して、焼いた豚肉
　にからめるのもオススメ。

*2 残りの豚肉を焼く時は焦げを防ぐためにフライパ
　ンについたたれを拭き取る。

作り方

① しょうがはすりおろしてaと合わせて混ぜ、豚肩ロース肉にからめてラップをかけて冷蔵庫で30分程置く。

② フライパンを熱してごま油大さじ½をひき、①の半量を汁気をきって並べ入れ、中強火で両面に焼き目をつけるように焼く。残り半量は*1フライパンをキッチンペーパーで拭いてから同様に焼く。*2

③ 器に②を盛って、キャベツ、トマト、マヨネーズを添える。

和 麺 うどん

材料（1人分）

うどん（茹でたもの）：1玉
かつおだし：600cc
酒、みりん：各大さじ1½

しょうゆ：大さじ3
油揚げ：½枚
生わかめ、青ねぎ
（小口切り）：各適宜

料理のすすめ｜心平's
酒とみりんのアルコールを飛ばしてからしょうゆを
加えると、美味しく仕上がる。

作り方

① 油揚げは2等分に切る。

② 鍋にかつおだしを入れて強火にかけ、沸騰したら酒、みりんを加えて一煮立ちさせ、アルコールが飛んだらしょうゆを加える。再び沸いてきたら油揚げを加えて一煮し、さらにうどんを加えて一煮する。

③ 器に盛って生わかめ、青ねぎをのせる。

和 肉 肉じゃが 🍶日本酒によく合う！

材料（2〜3人分）

牛薄切り肉：200ｇ *1
じゃがいも（メークイン）：
小8個（500ｇ）
玉ねぎ：大½個（150ｇ）

a｜ しょうゆ：大さじ6
　｜ 酒、みりん：各大さじ3
　｜ 砂糖：大さじ1½
　｜ かつおだし：250cc

料理のすすめ｜心平's
*1 サシが入った薄切りの牛肉を選ぶと肉がかたくな
　らずに美味しく仕上がる。

*2 味をみて薄い場合は、蓋をせずにもう少し煮詰め
　て味を濃縮させる。

作り方

① 牛薄切り肉は食べやすい大きさに切る。じゃがいもは皮をむいて4cm角くらいの大きさに切って10分程水にさらす。玉ねぎは縦5mm厚さに切る。

② 鍋にaを入れて混ぜ合わせ、水気をきったじゃがいも、玉ねぎ、牛肉の順に入れる。強火にかけ、沸いてきたらアクを取り、中火にしてたまに混ぜながら15分程煮る。じゃがいもに竹串がスッと通ったら、器に盛る。

春の定番祭り！ その3 冷凍シーフードミックス

SPRING 723

海鮮焼きそば
シーフードピラフ／シーフードカレー

TAICHI's comment

焼きそばは具材がしっかりと
引き立っていて美味しいです。
ピラフは魚介だしがきいています。
カレーは海鮮たっぷりで贅沢な味わい。
どれも冷凍のシーフードを使っているとは
思えない仕上がりで、絶品です！

photo by TAICHI

中 麺 海鮮焼きそば

材料（2人分）

冷凍シーフードミックス：
150ｇ
焼きそば用麺：2玉
キャベツ：150ｇ
青ねぎ：3本

a 酒、しょうゆ：
　各大さじ1
　鶏がらスープの素
　（半練り）：小さじ1½
ごま油：大さじ1½
塩：小さじ⅓
黒こしょう：適宜
レモン（くし形切り）：適宜

作り方

① シーフードミックスは冷蔵庫で1日（当日使う場合は
常温で）解凍し、出てきた水分と具材とに分ける。

② シーフードミックスから出てきた水分とaを混ぜ合わせる。

③ キャベツは大きめの一口大に切る。青ねぎは斜め
4cm長さに切る。焼きそば用麺は袋のまま600W
の電子レンジで2分加熱する。

④ フライパンを熱してごま油をひき、キャベツを強火で炒め
る。少し焼き目がついてきたらシーフードミックスの具材
を加え、塩、黒こしょうを振って炒める。油が回ったら焼
きそば用麺を加えてほぐしながら炒め、ほぐれたら②を鍋
肌から加えて炒め合わせる。青ねぎを加えてザッと混ぜる。

⑤ 器に盛ってレモンを添える。

洋 飯 シーフードピラフ

材料(2〜3人分)

冷凍シーフードミックス：150g
米：2合
a [白ワイン：大さじ1
コンソメ(顆粒)：小さじ1
塩：小さじ½]
水：適宜

ピーマン：2個(110g)
玉ねぎ：¼個(50g)
にんじん：⅓本(60g)
にんにく：1片
オリーブ油：大さじ1
粉チーズ、黒こしょう：各適宜

作り方

① シーフードミックスは冷蔵庫で1日(当日使う場合は常温で)解凍し、出てきた水分と具材とに分ける。米は洗って水気をきる。

② シーフードミックスから出てきた水分、a、水を合わせて330cc分計量する。

③ ピーマン、玉ねぎ、にんじんは5mm角に切る。にんにくはみじん切りにする。

④ フライパンを熱してオリーブ油をひき、にんにくを中火で炒める。香りが出てきたらピーマン、玉ねぎ、にんじんを加えて炒める。野菜に油が回ったら米を加えて炒め、米が少し透き通ってきたらシーフードミックスの具材を加えてザッと炒めてから炊飯器に入れる。②を加えてサッと混ぜ、普通に炊く。

⑤ 炊き上がったら濡らしたしゃもじでサックリと混ぜ、器に盛って粉チーズ、黒こしょうを振る。

洋 飯 シーフードカレー

材料(2〜3人分)

冷凍シーフードミックス：150g
玉ねぎ：¾個(150g)
しめじ：½パック
にんにく：1片
バター：10g
a [水：600cc
チキンブイヨン(粉末)：小さじ1]

カレールウ：4〜5片(60g)
カレー粉：小さじ2
ケチャップ：大さじ1
温かいごはん：適宜
らっきょう、福神漬け：各適宜

作り方

① シーフードミックスは冷蔵庫で1日(当日使う場合は常温で)解凍し、出てきた水分と具材とに分ける。

② 玉ねぎは縦薄切りにし、しめじは石づきを取って小房に分ける。にんにくはみじん切りにする。

③ 鍋にaを合わせて煮立て、玉ねぎ、にんにくを入れて中強火で6〜7分煮る。

④ フライパンを熱してバターを溶かし、シーフードミックスの具材、しめじを入れて中強火で炒める。しめじが少ししんなりしたら火を止める。

⑤ ③にシーフードミックスから出てきた水分を加え、カレールウを溶き入れ、カレー粉、ケチャップを加えて一煮する。カレールウが溶けて少しとろみがついたら、④を加えてサッと混ぜて火を止める。

⑥ 器にごはんを盛って⑤をかける。好みでらっきょう、福神漬けを添える。

SHIMPEI'S POINT

シーフードミックスは、解凍した時に出る水分も料理に使うことで魚介の旨味を存分に味わうことができる。

ホットプレートを使った 粉もん3品

しらすニラチヂミ／広島風お好み焼き
スフレパンケーキ

TAICHI's comment

チヂミはしらすの軽い食感と
ニラの香りに食欲がそそられます。
お好み焼きは、キャベツの
ふんわりした食感と
麺のもちっとした食感が
絶妙で美味しいです。
スフレパンケーキは
本当にやわらかくて、
お店の味!

photo by TAICHI

韓 粉 しらすニラチヂミ

材料(3〜4人分)

しらす：50g
ニラ：1束
玉ねぎ：¼個（50g）
にんじん：5cm（40g）

a
- 薄力粉：60g
- 片栗粉：20g
- 水：50cc
- 卵：1個
- 塩：小さじ¼

ごま油：大さじ5
b
- にんにく、しょうが
  （各みじん切り）：
  各1片分
- 酢、しょうゆ：各大さじ2
- 砂糖、ごま油：各小さじ1
- 豆板醤：小さじ½

作り方

① ニラは5cm長さに切る。玉ねぎは縦薄切りにし、にんじんは縦細切りにする。

② ボウルにaを混ぜ合わせ、①、しらすを加えて混ぜる。

③ ホットプレートを高温に熱し、ごま油大さじ3をひいて②を流し入れる。薄く広げて中温でじっくり焼く。生地がかたまって焼き目がしっかりついたら返す。周りからごま油大さじ2を足し、蓋をしないでじっくり焼く。

④ bを混ぜ合わせる。

⑤ ③の両面がこんがりと焼けたらへらで切り分ける。好みで④につけながら食べる。

SHIMPEI's POINT
野菜の表面に生地をまとわせて焼くことで、サクサク食感のチヂミに仕上がる。

和 粉 広島風お好み焼き

材料（2枚分）

キャベツ：⅛個（80g）	【生地】
豚バラ薄切り肉：6～8枚	長芋：5～6cm（100g）
（100g）	卵：1個
焼きそば用麺：2玉	薄力粉：30g
卵：4個	水：大さじ2
サラダ油、水：各適宜	薄口しょうゆ、かつお節粉：
お好み焼きソース、	各小さじ1
マヨネーズ、青海苔：	塩：2つまみ
各適宜	

作り方

① 生地を作る。長芋は皮をむいてすりおろし、その他の材料とよく混ぜ合わせる。

② キャベツは千切りにして水にさらし、水気をしっかりきる。豚バラ薄切り肉はお好み焼きの大きさに合わせて切る。焼きそば用麺は袋のまま600Wの電子レンジで2分加熱する。

③ ホットプレートを高温に熱し、サラダ油大さじ1をひいて、片側に①の半量を丸く流し入れる。生地に焼き目がついたら返す。その上に半量のキャベツと豚肉をのせる。

④ ホットプレートの空いたところにサラダ油少々をひき、焼きそば用麺1玉をザッとほぐしたらお好み焼きソース大さじ1½を加えて炒め合わせる。③の生地がパリッとかたまったら返し、水大さじ1を回し入れる。蓋をして蒸し焼きにする。

⑤ キャベツのかさが減ったら、お好み焼きをスライドして焼きそばの上にのせる。

⑥ 空いたところにサラダ油少々をひき、卵2個を割り入れて黄身を崩し、お好み焼きをスライドしてのせる。卵がかたまったら返す。お好み焼きソースを回しかけ、マヨネーズをかけ、青海苔を振る。残り1枚も同様に焼く。

洋 甘 スフレパンケーキ

材料（3～4人分）

卵黄：2個分	【メレンゲ】
グラニュー糖：40g	卵白：2個分
薄力粉：40g	グラニュー糖：大さじ1
ベーキングパウダー：	
小さじ½	バター：適宜
牛乳：50cc	いちご（角切り）、
	キウイ（角切り）：各適宜
	ホイップクリーム、
	メープルシロップ：各適宜

作り方

① ボウルに卵黄、グラニュー糖を加えて混ぜる。薄力粉、ベーキングパウダーを加える。牛乳を少しずつ加えて合わせ、泡立て器でよく混ぜる。

② 別のボウルでメレンゲを作る。メレンゲの材料を合わせてハンドミキサーなどで角が立つまでよく泡立てる。[*1] 数回に分けて①に加えて優しくサックリと混ぜる。[*2]

③ ホットプレートを高温に熱し、バターをひいて丸く溶かす。②をお玉ですくって上に丸く広げる。蓋をして低温で5分程焼き、きつね色になったら返して両面を焼く。竹串を刺して生地がついてこなかったら焼き上がり。残りの生地も同様に焼く。

④ 器に盛ってバターを塗り、好みでフルーツをのせる。中央にホイップクリームを絞り、メープルシロップをかける。

SHIMPEI'S POINT

[*1] 角が立つまで泡立てたメレンゲを生地に加えることで、ふんわり食感に仕上がる。ボウルを傾けても落ちないくらいの状態まで、しっかりと泡立てるのが重要。

[*2] 一気に混ぜるとメレンゲの泡が潰れて液状化してしまうので、慎重にサックリと混ぜ合わせる。

余りがちな瓶ものを使った3品

メンマと豚肉の香菜炒め／ピーナッツバターのトマトチキンカレー
海苔の佃煮ドレッシング

SPRING 725

TAICHI's comment

香菜炒めは、しっかりとした
味でお酒に合う。
カレーは、ピーナッツバターと
トマトの組み合わせが新鮮！
ドレッシングは和風な味。
食材によくからんで美味しいです！

photo by TAICHI

中 肉 メンマと豚肉の香菜炒め ビールに よく合う！

材料（2人分）

豚バラ薄切り肉：200g　　しょうが：1片
メンマ（味つき）：50g　　塩：小さじ⅓
香菜：10g　　　　　　　　ごま油：大さじ1

SHIMPEI'S POINT
メンマにしっかり味がついているので、簡単に味つけができる。

作り方

① 豚バラ薄切り肉は一口大に切って塩を振る。香菜は根元を落として刻む。しょうがは薄切りにする。

② フライパンを熱してごま油をひき、しょうがを中火で炒める。香りが出てきたら豚肉を加えて中強火で炒める。豚肉の色が変わったらメンマを加えて炒め合わせ、全体に味がなじんだら香菜を加えてザッと混ぜる。

亜 飯 ピーナッツバターのトマトチキンカレー

材料（2〜3人分）

鶏もも肉：500g
玉ねぎ：70g
にんにく、しょうが：各1片
トマト水煮缶
（ダイスカット）：1缶
ピーナッツバター（低糖）：
大さじ3
塩：小さじ½
黒こしょう：適宜
サラダ油：大さじ½
酒：大さじ1

a ┌ カレー粉：大さじ1
　│ オイスターソース：
　│ 大さじ½
　└ 塩：小さじ1

温かいごはん：適宜
サニーレタス（細切り）、
レモン（くし形切り）：
各適宜

作り方

① 鶏もも肉は一口大に切って、塩、黒こしょうを振る。玉ねぎ、にんにく、しょうがはみじん切りにする。

② フライパンを熱してサラダ油をひき、鶏肉を皮目を下にして入れて中強火で焼く。皮に焼き目がついたら返して、玉ねぎ、にんにく、しょうがを加えて炒める。

③ 野菜が少ししんなりしたら酒、トマト水煮缶を加え、たまに混ぜながら中火で5分程煮る。鶏肉に火が通ったらピーナッツバターを加えて溶き混ぜる。a を加えて混ぜながら一煮する。

④ 器にごはんを盛って③をかける。サニーレタス、レモンを添える。

和 魚 海苔の佃煮ドレッシング

材料（作りやすい分量）

海苔の佃煮：大さじ1½　　ごま油：小さじ2
酢、しょうゆ：各大さじ1

SHIMPEI'S POINT
海苔の佃煮は甘さのある味つけになっているので、簡単にドレッシングに奥深さを出すことができる。空き瓶にドレッシングを入れておけば、冷蔵庫で3日程度保存が可能。

作り方

① 全ての材料を混ぜ合わせる。

② サラダ、冷奴、茹で鶏等、好みの料理にかけて食べる。

中華定食

ピリ辛酢豚 ／ザーサイとハムと香菜の白和え
野菜たっぷり中華スープ

SPRING 726

TAICHI's comment

酢豚はピリ辛の味つけと
豚肉の甘味が合わさって、ごはんが進みます！
白和えはザーサイとハムに程良い塩気があり、
箸休めとして最高ですね。
スープは野菜のシャキッとした
食感が残っていて美味しい！

photo by TAICHI

中 肉 ピリ辛酢豚

材料（2人分）

	a
豚肩ロースかたまり肉：300g	水：大さじ3
たけのこ（水煮）：50g	酢：大さじ2
にんじん：¼本（50g）	しょうゆ：大さじ1½
ピーマン：1個	紹興酒、
玉ねぎ：¼個（50g）	オイスターソース：各大さじ1
塩：小さじ⅓	砂糖：大さじ½
黒こしょう：少々	豆板醤、片栗粉、鶏がらスープの素（半練り）：各小さじ1
片栗粉：大さじ1	
	サラダ油：大さじ1½

SHIMPEI's POINT

*1 野菜は油通しをする代わりに、火が通りにくい順に炒めておく。

*2 肉とたれを入れると一気に火が通るため、野菜のシャキシャキ感が残るように完全に火が通る前に一度取り出す。

作り方

① たけのこは3〜4cm長さに切ってから、5mm厚さのくし形に切る。にんじんは2〜3cm長さに切ってから縦4等分に切る。ピーマンは縦半分に切ってから横3等分に切る。玉ねぎは横1cm幅に切る。

② 豚肩ロースかたまり肉は大きめの一口大に切って塩、黒こしょうを振り、片栗粉をまぶす。

③ aをよく混ぜ合わせる。

④ フライパンを熱してサラダ油大さじ1をひき、にんじんを入れて蓋をし、たまに返しながら中火で3分焼く。その他の野菜を加えてさらに炒める。玉ねぎが透き通ってきたらいったん取り出す。

⑤ フライパンにサラダ油大さじ½を足し、豚肉を入れて中火で返しながら炒める。9割火が通ったら④の野菜を戻し、再度よく混ぜた③を加えて炒め合わせる。

中 豆 ザーサイとハムと香菜の白和え

材料（2〜3人分）

豆腐（絹）：1丁	香菜：3株
ザーサイ：20g	ごま油：大さじ1
ハム：3枚（45g）	塩：小さじ¼

作り方

① 豆腐はキッチンペーパーで包んでザルの上にのせ、重しをのせて1時間水きりをする。ザーサイ、ハムは5mm角に切る。香菜はみじん切りにする。

② すり鉢または泡立て器を使って豆腐がなめらかになるまで混ぜる。

③ ごま油、塩を入れて混ぜ、ザーサイ、ハム、香菜を加えて和える。

中 汁 野菜たっぷり中華スープ

材料（2〜3人分）

	a
にんじん：¼本（50g）	水：500cc
もやし：½袋	しょうゆ：大さじ2
ニラ：½束	紹興酒：大さじ1
しょうが：1片	鶏がらスープの素（半練り）、片栗粉：各小さじ1
卵：1個	塩：小さじ½
ごま油：大さじ1	

作り方

① にんじんはもやしの長さに合わせて千切りにする。ニラはもやしの長さに合わせて切る。しょうがは千切りにする。

② 鍋を熱してごま油をひき、しょうがを入れて中火で炒める。香りが出てきたらにんじん、もやしを加えて炒める。油が回ったらよく混ぜ合わせたaを加えて中強火で煮る。

③ とろみがついたらニラを加えて一煮し、溶いた卵を回し入れる。卵に火が入ったら火を止める。

2022.05.22 OA

枝豆のピリ辛炒め
空豆とベーコンの和風だしパスタ
スナップエンドウと塩サバのレモンジュレ

TAICHI's
comment

春の旬、豆を楽しめるレシピです。
枝豆の炒め物はピリ辛でお酒が進みますね。
パスタはそら豆とベーコンの相性が抜群！
ジュレはスナップエンドウの甘い香りが
広がって、爽やかで美味しいです。

photo by TAICHI

和肴 枝豆のピリ辛炒め ビールによく合う!

材料(作りやすい分量)

枝豆:1袋(200g)
にんにく(みじん切り):1片分
ごま油:大さじ2
塩:小さじ½
一味唐辛子:適宜

作り方

① フライパンにごま油を入れて強火にかけ、枝豆を加える。ジューッと音がしたら中火にして蓋をする。たまに混ぜながら5〜7分炒める。

② 少し焼き目がついてきたらにんにくを加えて炒め、にんにくが色づいてきたら火を止める。塩、一味唐辛子を加えよく混ぜ合わせる。

和麺 空豆とベーコンの和風だしパスタ

材料(2人分)

空豆(さやから取り出す):2袋分(250g)
ベーコン(かたまり):100g
フェデリーニ:200g
にんにく:1片
オリーブ油:適宜
赤唐辛子:1本
かつおだし:200cc
塩:小さじ⅔
パルミジャーノ:適宜

作り方

① 空豆は塩少々を加えた熱湯で3分茹でる。ザルに上げて粗熱を取り、薄皮をむいて細かく刻む。ベーコンは5mm角に刻む。にんにくはみじん切りにする。

② フライパンを熱してオリーブ油大さじ1をひき、ベーコン、にんにく、赤唐辛子を半分にちぎって種ごと入れ、中火で炒める。ベーコンに油が回ったら空豆を加えて炒め、かつおだしを加え、中強火で少しとろみがつくまで煮詰める。塩小さじ⅔を加えて混ぜて火を止める。

③ フェデリーニはオリーブ油、塩各少々を加えた熱湯で袋の表示時間より1分短く茹でる。水気をきる。

④ 茹で上がったフェデリーニを②に加え再び中強火にかけて和える。

⑤ 器に盛ってパルミジャーノをすりおろしながらかける。

仏魚 スナップエンドウと塩サバのレモンジュレ

材料(作りやすい分量)

塩サバ:半身(130g)
スナップエンドウ:1袋(120g)
a | 水:200cc
白ワイン、コンソメ(顆粒):各小さじ½
塩:小さじ⅓
塩:少々
レモン果汁:大さじ1
粉ゼラチン:1袋(5g)
オリーブ油、木の芽:各適宜

作り方

① 塩サバはグリルで5〜6分焼く。粗熱が取れたら皮と骨を取り除いてほぐす。

② スナップエンドウは塩を加えた熱湯で1分〜1分半茹で、水気をきって冷水で冷まし、ヘタとさやの筋を取って小口切りにする。

③ 小鍋にaを混ぜ合わせて強火にかけ、沸いたら火を止めてレモン果汁、粉ゼラチンを加えて混ぜる。器に移して粗熱を取ってから冷蔵庫で冷やしかためる。泡立て器で崩す。

④ 皿にセルクルをのせ、①、②、③の順に重ねて詰める。セルクルをそっとはずし、オリーブ油を回しかけて木の芽をのせる。

SHIMPEI'S POINT スナップエンドウはヘタを取らずに茹でることで、さやの中に水分が入らず美味しく仕上がり、傷みにくくなる。

SPRING
728

スパイシーヨーグルトカレー

ライタ
チャース

TAICHI's
comment

カレーはヨーグルトの酸味と
スパイスのバランスが絶妙！
ライタは食感が良く、カレーの付け合わせとして
とても良いバランス。
チャースはさっぱり味で、
辛いものによく合いますね！

photo by TAICHI

印 飯 スパイシーヨーグルトカレー

材料（3〜4人分）

鶏もも肉：小2枚（500g）	a しょうが（すりおろし）：2片分（30g）
プレーンヨーグルト：1パック（400g）	にんにく（すりおろし）：1片分（15g）
玉ねぎ：1個（250g）	コリアンダーパウダー、クミンパウダー、ガラムマサラ：各大さじ1
香菜：1株（10g）	ターメリック、チリペッパー：各小さじ1
オリーブ油：大さじ2	オリーブ油：大さじ2
塩：小さじ1	塩：小さじ2
温かいごはん：適宜	

SHIMPEI's POINT

*1 基本のスパイスの分量は材料表通りだが、引き立たせたい味を決めて種類の配合や分量を調整し、好みの味を追求するのがオススメ。

*2 鶏肉はスパイスにしっかりと漬け込むことで、味が染み込み美味しく仕上がる。

作り方

① 鶏もも肉は1枚を8〜10等分に切ってボウルに入れ、aを加えてよくもみ込む。ラップで押さえながら蓋をして、*2 1時間程漬け込む。

② 玉ねぎはみじん切りにし、香菜は刻む。

③ 鍋を熱してオリーブ油をひき、①を中火でたまに混ぜながらよく炒める。鶏肉に少し焼き目がついたら、玉ねぎを加えて炒める。玉ねぎがしんなりして鶏肉に6割くらい火が通ったら、軽く水気をきったプレーンヨーグルトを加える。沸いてきたら中火でたまに混ぜながら8分煮る。

④ 仕上げに香菜、塩を加えて混ぜる。器にごはんを盛ってカレーをかける。

印 菜 ライタ

材料（3〜4人分）

きゅうり：1本	プレーンヨーグルト：100g
赤パプリカ：¼個	a にんにく（すりおろし）：小1片分
トマト：½個（60g）	オリーブ油：大さじ½
玉ねぎ：小¼個（30g）	酢：小さじ1
ミント：5g	塩：小さじ½

★ライタとは？
インドやその周辺地域でカレーのお供として食べられる、スパイスが入ったヨーグルトサラダ。

作り方

① きゅうりはヘタを落とし、縦半分に切ってスプーンで種を取り除き、5mm厚さのいちょう切りにする。赤パプリカはヘタと種を取って5mm角、トマトは1cm角に切り、玉ねぎ、ミントはみじん切りにする。

② ボウルに①、軽く水気をきったプレーンヨーグルトとaを入れてよく混ぜ合わせる。

③ スパイシーヨーグルトカレーに添える。

印 甘 チャース

材料（1人分）

プレーンヨーグルト：100g	a しょうが（すりおろし）：少々
水：100cc	クミンパウダー：小さじ½
香菜：2g	ガムシロップ：適宜

★チャースとは？
インドやその周辺地域で夏によく飲まれるヨーグルトドリンク。ミント、香菜等のハーブに塩を入れて塩分をきかせるのが一般的。

作り方

① ボウルにプレーンヨーグルト、水、刻んだ香菜、a、ガムシロップを入れてよく混ぜ合わせ、氷（分量外）を入れたグラスに注ぐ。

裏
男子ごはん
DANSHI GOHAN
TALK 傑作選 TIME
vol.1

俺たちの新じゃが栽培 ～植えつけから収穫まで～

裏トーク恒例の"俺たちの○○作り"シリーズ。
今回は、さまざまな料理に使えるじゃがいもの栽培にチャレンジしました。

植えつけ編

太一「プランターでじゃがいもが栽培できるんだね！
　　　まだまだ先だけど収穫が楽しみ」
心平「じゃがいもは美味しい料理がたくさんありますね！」

● 新じゃがとじゃがいもの違いは？

・新じゃが：収穫後すぐに出荷されるもの
・じゃがいも：収穫後に一度貯蔵され、熟成させて出荷されるもの

栽培品種① メークイン

スーパー等でも見かける品種。果肉がやや黄色味がかっており、粘りがあって舌ざわりが良いのが特徴。

栽培品種② ノーザンルビー

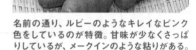

名前の通り、ルビーのようなキレイなピンク色をしているのが特徴。甘味が少なくさっぱりしているが、メークインのような粘りがある。

1 植えつけの2週間程前から、種いもを10〜20℃くらいの日当たりの良い場所に置いて芽を育てる（芽出し）。

2 芽出しされた芽の数ができるだけ同じになるように、種いもを半分に切る。

3 種いもが腐らないように切り口に草木灰をつけて、1日天日干しして乾かす。

4 深めのプランターの半分くらいまで培養土を入れて5〜6cm深さの穴を掘り、種いもの切り口を下にして並べる。

5 種いもの上から土をかぶせてたっぷりの水やりをする。

成長→収穫編

2週間後

心平が植えつけを担当したノーザンルビーは早くも芽が出てきている。

3週間後

太一が植えつけを担当したメークインも芽が出て、ノーザンルビーはさらに成長。

5週間後

株が大きくなったので、根強い芽だけを残す芽かきを行い、土を増やして土台を強化。

7週間後

それぞれの品種で異なる色の花を咲かせる。

9週間後

花が枯れて、葉も少し茶色くなってくる。

茎や葉が枯れ始めたら収穫の目安。

まずはメークインを収穫。
「うわー！ かわいいのができてる！ いいサイズですね」（太一）
「美味しそうですよ！」（心平）
ノーザンルビーは、小さなものばかりでヒヤリとしましたが…
「あ、いた！ いっぱいあるじゃん！」（太一）
土の中を掘ると、しっかり埋まっていて一安心。
どちらの品種も大満足の収穫でした！

今回栽培した2種類のじゃがいもを使った
絶品レシピも紹介！
→P.58へ

男子ごはんの夏。
SUMMER

SUMMER
729

トムヤムクン風冷やし中華
グリーンカレー冷やし中華

TAICHI's comment

トムヤムクン風冷やし中華は、
中華麺にスープがなじんでいて美味しい!
グリーンカレー冷やし中華は、
カレー風味が新鮮。
揚げたシュウマイの皮の
食感が良いアクセントになっています。

photo by TAICHI

亜麺 トムヤムクン風冷やし中華

材料（2人分）

中華麺：2玉	にんにく：½片
エビ：6尾	しょうが：1片
たけのこ（水煮）：50g	レモングラス（乾燥）：
青唐辛子：大1本	2つまみ
ミニトマト：6個	a ┌ ナンプラー：大さじ1
水：400cc	│ 鶏がらスープの素
香菜の根：1本分	│ （半練り）：小さじ1
	└ 塩：小さじ½
	レモン果汁：大さじ3
	香菜（刻む）：適宜

作り方

① エビは尾を残して殻を取って背開きにし、背ワタを取り除く。たけのこは縦薄切りにする。青唐辛子は小口切りにする。ミニトマトはヘタを取って少し切り込みを入れる。

② 鍋に水、香菜の根、潰したにんにく、しょうが、青唐辛子を入れて強火にかける。沸いてきたらミニトマトを加えてサッと茹で、すぐに水にとって冷ましてから皮をむく。

③ ②の鍋に包丁の背でたたいたレモングラス、エビ、たけのこ、aを加えて1～2分煮る。エビの色が変わったらボウルに移す。ミニトマトを戻し入れ、レモン果汁を加えたら、氷水にあてて急冷する。

④ 冷えたら香菜の根、にんにく、しょうがを取り出す。

⑤ 中華麺は袋の表示時間通りに茹で、流水で洗って水気をしっかりきる。

⑥ 器に⑤を盛って具材をのせ、スープをかけて香菜をのせる。

亜麺 グリーンカレー冷やし中華

材料（2人分）

中華麺：2玉	グリーンカレーペースト：
鶏もも肉：150g	大さじ1½
しょうが：1片	ナンプラー：大さじ½
香菜：10g	塩：小さじ½
牛乳：300cc	シュウマイの皮：3～4枚
	揚げ油：適宜

★グリーンカレーとは？
ココナッツミルクの甘さと青唐辛子の辛さがきいたタイ料理。

作り方

① 鶏もも肉は1cm幅のそぎ切りにする。しょうがは潰す。香菜はみじん切りにする。

② 鍋に牛乳、鶏肉、しょうがを入れて中弱火で10分煮る。

③ グリーンカレーペーストを加えて溶き混ぜ、香菜を加えて一煮する。ナンプラー、塩を加えて味をととのえる。ボウルに移して氷水にあてて冷やす。

④ 揚げ油を小さめのフライパンまたは鍋で170℃に熱し、7mm幅に切ったシュウマイの皮を入れて中火で揚げる。きつね色にカリッとしたら油をきって取り出す。

⑤ 中華麺は袋の表示時間通りに茹で、流水で洗って水気をしっかりきる。

⑥ 器に⑤を盛って③をかけ、④をのせる。

SHIMPEI'S POINT グリーンカレーは冷えると味が薄く感じるため、塩を加えて調整する。

SUMMER
730

スタミナ定食

たっぷりチーズのルーローハン
ピリ辛青唐辛子のにんにくスープ／さっぱりオクラのごま酢和え

TAICHI's comment

ルーローハンは、チーズが決め手。
味がしっかりしているので、
ごはんとよく合います！
スープはやみつきになる辛さ。
ルーローハンにスープをかけても美味しい！
オクラのごま酢和えは酸味とごまの香りが素朴で、
最高の箸休めですね。

photo by TAICHI

亜飯 たっぷりチーズのルーローハン

材料（2人分）

豚こま切れ肉：300g
たけのこ（水煮）：100g
しいたけ：6個
玉ねぎ：80g
にんにく、しょうが：各1片

a
八角：2個
しょうゆ：大さじ4
紹興酒：大さじ2
オイスターソース、
みりん：各大さじ1
砂糖：小さじ2

サラダ油：大さじ1
ピザ用チーズ：80g
熱々のごはん：2人分
パルミジャーノ：適宜

★ルーローハンとは？
豚肉を甘辛いたれで煮込んでごはんにのせた、台湾の定番料理。

作り方

① 豚こま切れ肉は1cm角に、たけのこ、しいたけは5mm角に切る。玉ねぎ、にんにく、しょうがはみじん切りにする。aを混ぜ合わせる。

② フライパンを熱してサラダ油をひき、にんにく、しょうがを中火で炒める。香りが出てきたら豚肉を加えてほぐしながら強火で炒める。肉の色が変わったら玉ねぎ、たけのこ、しいたけを加えて炒める。全体が少ししんなりしたらaを加えて炒め合わせる。

③ 1人分ずつ盛る。どんぶりの半分くらいまでごはんを盛って半量のピザ用チーズを散らし、残りのごはんを重ねる。②をかけて、その上からすりおろしたパルミジャーノをかける。

亜汁 ピリ辛青唐辛子のにんにくスープ

材料（2人分）

かいわれ大根：適宜
青唐辛子：1本
にんにく：3片
サラダ油：大さじ1

水：400cc
鶏がらスープの素
（半練り）：小さじ1½
塩：1つまみ

作り方

① かいわれ大根は根元を切り落とす。青唐辛子は小口切りにする。にんにくは縦半分に切る。

② 小鍋にサラダ油、にんにく、青唐辛子を入れてたまに混ぜながら弱火でじっくり炒める。香りが出てきたら水、鶏がらスープの素を加えて3〜4分煮る。味をみて塩でととのえる。

③ 器に②を盛り、かいわれ大根をのせる。

和菜 さっぱりオクラのごま酢和え

材料（2人分）

オクラ：6本
塩：少々

すし酢：小さじ2
黒すりごま：小さじ2

SHIMPEI's POINT
オクラは茹で時間を短くすることで、シャキッとした食感を楽しむことができる。

作り方

① オクラはヘタの先を落とし、ガクを削って切り落とす。塩を加えた熱湯で40秒茹でる。冷水で冷やし、水気を拭いて3等分に切る。

② ボウルに①、すし酢、黒すりごまの順に入れて和える。

アスパラガスと厚切りベーコンのマヨ炒め
もやしとタラのマヨ揚げ春巻き
適当！和風マヨネーズグラタン

涼子さん レシピ

SUMMER 731

男のロマン シリーズ！

第28弾 「マヨネーズ」

GUEST ★ 広末涼子

TAICHI's comment

マヨ炒めはシンプルだからこそ
マヨネーズが引き立つ、間違いのない一品！
春巻きはもやしの食感と皮の
バリバリ感が最高ですね。
グラタンはふわふわの卵が全体を
バランス良くまとめていて美味しいです。

photo by TAICHI

洋 肉　アスパラガスと厚切りベーコンのマヨ炒め　ビールによく合う！

材料（2人分）

ベーコン（かたまり）：220g
アスパラガス（太め）：4本
にんにく：1片

a ┃ マヨネーズ：大さじ2
　┃ 麺つゆ（3倍濃縮）：
　┃ 大さじ1
　┃ サラダ油：大さじ½

作り方

① ベーコンは1cm角の拍子木切りにする。アスパラガスは下の部分の皮をピーラーなどでむき、ベーコンの長さに合わせて切る。さらに縦4等分に切る。にんにくは横薄切りにする。aを混ぜる。

② フライパンを熱してサラダ油をひき、アスパラガスを入れて中火で炒め、油が回ったら蓋をして2分蒸し焼きにする。にんにく、ベーコンを加えて炒め、ベーコンに少し焼き目がついたらaを加えて炒め合わせる。

もやしとタラの マヨ揚げ春巻き

`中` `魚`

材料(作りやすい分量)

タラ：1切れ(150g)
もやし：1袋(200g)
春巻きの皮(小)：1袋
a ┌ マヨネーズ：大さじ3
　│ オイスターソース：
　│ 大さじ1
　└ 塩：小さじ½
b ┌ 薄力粉、水：各大さじ1
揚げ油：適宜

【マヨディップ】
マヨネーズ：大さじ3
レモン果汁：大さじ1
タバスコ(ハラペーニョ)：
小さじ1
砂糖：小さじ½
塩：小さじ⅓
黒こしょう：適宜

作り方

① タラは骨を取って1cm厚さに切る。ボウルに入れてもやし、aを加えて混ぜ合わせる。

② 春巻きの皮を角を下にして置き、手前に①をのせ、手前の皮を具を巻き込むように折る。両端の皮を内側に折り、手前から巻いていく。巻き終わりの皮によく混ぜたbをつけてピッチリ閉じる。包んだらすぐに揚げる。

③ 揚げ油を180℃に熱し、②を入れてたまに返しながら中火できつね色に揚げる。

④ マヨディップを作る。ボウルにマヨディップの全ての材料を入れてよく混ぜ合わせる。

⑤ 器に③を盛り、④を添える。

SHIMPEI'S POINT

春巻きは皮の両端を押さえながら巻き、多めの水溶き薄力粉をつけてピッチリ閉じることで、形を崩さずに揚げることができる。

適当！ 和風マヨネーズグラタン

`和` `肉`

涼子さん
レシピ
RYOKO'S RECIPE

材料(2人分)

豚バラ薄切り肉：200g
ブロッコリー：1個
オクラ：8本
a ┌ 卵：5個[*1]
　│ 牛乳：大さじ5
　└ 白だし：大さじ1

塩：適宜
サラダ油：大さじ1
ぷちぷちきくらげ：大さじ4[*2]
だししょうゆ：小さじ1
マヨネーズ：大さじ6〜7
七味唐辛子：適宜

作り方

① ブロッコリーは房の部分を小房に切り分ける。オクラはヘタの先とガクを切り落とす。塩を加えた熱湯でブロッコリー、オクラの順に加えて2分茹でる。ザルに上げ、流水で洗って冷ます。水気を拭き取って食べやすく一口大に切る。

② aを混ぜ合わせる。フライパンを熱してサラダ油大さじ½をひき、aを流し入れる。たまに木べらで大きく混ぜながら中強火にかけて、ふわふわの炒り卵にして取り出す。

③ 豚バラ薄切り肉は一口大に切る。②のフライパンをサッと洗って熱し、サラダ油大さじ½をひいて豚肉を並べ、中火で炒める。火が通ったらボウルに取り出し、だししょうゆをかけて混ぜる。

④ 耐熱容器に①、②、③の順に重ねて詰める。ぷちぷちきくらげを散らし、マヨネーズをかける。

⑤ トースターで5分半程焼いて焼き目がついたら、最後に七味唐辛子を振りかける。

RYOKO'S POINT

[*1] 卵を多めに使うことで、ふわふわに美味しく仕上がる。

[*2] きくらげを入れることで和風になり、お酒にも合う。

ひっぱりうどん
芋煮

SUMMER
732

photo by TAICHI

TAICHI's comment

うどんは、サバと納豆の
コクが加わって抜群の相性。
シメにもオススメです。
芋煮はシンプルだけど、上品な味。
具材から良いだしが出ていて
美味しいです。

47都道府県ご当地ごはん

第17弾
山形県編

和 麺 ひっぱりうどん

材料（2人分）

うどん（乾麺）：200g
納豆（ひきわり）：2パック
サバ缶（水煮）：1缶
麺つゆ（3倍濃縮）：大さじ6
水：大さじ2
青ねぎ（小口切り）：適宜

★ひっぱりうどんとは？
茹でた鍋や釜からうどんを直接ひっぱり上げることから名づけられた、山形県内陸地方の郷土料理。

作り方

① 麺つゆと水を合わせて混ぜる。

② うどんは袋の表示時間通りに茹で、ザルに上げて茹で汁をきり、冷水でよく洗う。器に湯を注ぎ、うどんを入れる。

③ お碗によく混ぜた納豆、缶汁を軽くきったサバを入れ、①をかけて青ねぎを加える。よく混ぜてうどんをからめながら食べる。

和 菜 芋煮

材料（4〜5人分）

里芋：600g
玉こんにゃく：300g
長ねぎ：1本
牛バラ肉（すき焼き用）：300g
砂糖：大さじ1

a ┌ しょうゆ：120cc
　│ 酒：大さじ4
　│ みりん：大さじ3
　└ 砂糖：大さじ2
かつおだし：700cc
七味唐辛子：適宜

★芋煮とは？
山形県では学校給食にも出てくる、伝統的な郷土料理。約400年前から里芋・棒ダラを使って作られており、昭和初期頃から牛肉や豚肉が使われるようになった。

SHIMPEI's POINT

*1 里芋は一度茹でてこぼしてからよく洗ってぬめりを取ることで、形が崩れるのとアクが移るのを防ぐことができる。

*2 玉こんにゃくに砂糖を振ってもみ込むことで、水分が出て味が染み込みやすくなる。

作り方

① 里芋は流水でよく表面を洗う。皮をむいて大きめの一口大に切り、水にさらす。ザルに上げて水気をきる。*1 沸騰した湯に里芋を加えて強火にかけ、沸いてきたらザルに上げ、冷水でよく洗って水気をきる。

② 玉こんにゃくは砂糖を振ってよくもみ込み、5分置く。*2 流水で洗ってからキッチンペーパーで水気を拭く。

③ 長ねぎは1cm厚さの斜め切りにする。

④ 鍋に②、aを入れて強火にかける。沸いてきたら蓋をして、たまに混ぜながら弱火で7分煮る。

⑤ 牛バラ肉を加えてさらに煮て、ほぼ火が通ったらかつおだし、①を加える。沸いてきたら13分煮る。長ねぎを加えてさらに2分煮る。

⑥ 器に盛って好みで七味唐辛子を振る。

ハイボールに合う 夏のおつまみ3品

焦がしねぎのスペアリブ煮込み
エビのソテー 炒り米だれ／タコと香味野菜のエスニックサラダ

TAICHI's comment

スペアリブ煮込みは
しっかり味で美味しい
エビのソテーは砕いた米の食感と
香ばしさが良いアクセント
エスニックサラダは香りの強い野菜の
風味がハイボールとよく合いますね！

photo by TAICHI

中肴 焦がしねぎのスペアリブ煮込み ハイボールによく合う！

材料（2〜3人分）

豚スペアリブ：800g
わけぎ：150g
塩：小さじ1
黒こしょう：適宜
サラダ油：大さじ1

a にんにく、しょうが
（各すりおろし）：各2片
水：150cc
紹興酒、しょうゆ：各大さじ2
オイスターソース、みりん：各大さじ1

作り方

① わけぎは根元を落として半分に切る。グリルに並べて強火で6〜8分様子をみながら焼く。しっかりと焼き目がついたら取り出す。

② 豚スペアリブは塩、黒こしょうをしっかりめに振って下味をつける。

③ フライパンを熱してサラダ油をひき、スペアリブを入れて強火で焼く。両面に焼き目がついたら取り出す。

④ 鍋に③のスペアリブとフライパンに残った脂、①、aを入れて強火にかける。沸いてきたら蓋をして中火で15分煮る。たまに鍋中の上下を返す。

⑤ 蓋を取って少し水分を飛ばしつつ、5分煮からめる。

SHIMPEI'S POINT わけぎにしっかりと焼き目をつけ、スペアリブにスモーキーな風味を染み込ませることで、ハイボールに合う仕上がりになる。

中肴 **エビのソテー** 炒り米だれ 🥃 ハイボールに よく合う！

材料（2～3人分）

エビ（中）：12尾（180g）
玉ねぎ：30g
塩：小さじ⅓
黒こしょう、片栗粉：各適宜
サラダ油：大さじ2

【炒り米だれ】
米：大さじ1
a｜ にんにく、しょうが
　　（各みじん切り）：
　　各1片分
　　すし酢：大さじ2
　　しょうゆ：小さじ1
　　豆板醤：小さじ⅙

作り方

① 炒り米だれを作る。小さめのフライパンに米を入れて中火でたまに混ぜながらじっくりと炒る。きつね色になったらすり鉢に移して粗めに潰す。*1

② ボウルにaを合わせ、①を加えて混ぜ合わせる。

③ 玉ねぎはみじん切りにして水にさらし、しっかりと水気をきる。

④ エビは殻をむいて背開きにして背ワタを取り除き、塩、黒こしょうを振る。片栗粉をまぶす。

⑤ フライパンを熱してサラダ油をひき、エビを入れて強めの中火で両面をこんがりと焼く。*2

⑥ 器にエビを盛って②をかけ、③を散らす。

SHIMPEI'S POINT

*1 米は焦げる直前まで炒ることで、ハイボールに合う香ばしいたれに仕上がる。

*2 エビは中心に火が通る直前で取り出すと、余熱でちょうど良い食感になる。

亜肴 **タコと香味野菜のエスニックサラダ** 🥃 ハイボールに よく合う！

材料（2人分）

茹でタコ：60g
インゲン：4～5本
セロリ：10cm*1
香菜：2株*1
水菜：1株
みょうが：2個*1
塩：適宜
ごま油：大さじ1
にんにく（薄切り）：½片分

a｜ 黒酢：大さじ1
　　ごま油：大さじ½
　　砂糖、ナンプラー：
　　各小さじ2
　　にんにく
　　（すりおろし）：少々
　　赤唐辛子（小口切り）：
　　少々
ピーナッツ（砕く）：適宜

作り方

① 茹でタコは薄いそぎ切りにしてから、大きいものは縦2～3等分に切る。インゲンは塩少々を加えた熱湯で40～60秒茹で、粗熱が取れたら斜め2cm長さに切る。

② セロリは5cm長さの短冊切りにする。香菜は根元を落として3cm長さに切る。水菜は根元を落として5cm長さに切る。みょうがは輪切りにする。

③ 小さめのフライパンにごま油とにんにくを入れ、中弱火できつね色になるまでカリカリにして取り出す。油は捨てずにとっておく。

④ ボウルにaを混ぜ合わせ、①、②を加えて和える。味をみて薄ければ塩でととのえる。

⑤ 器に盛って、ピーナッツ、③のにんにくを砕いて散らし、③の残りの油を加熱して回しかける。*2

TAICHI'S POINT

*1 香りの強い野菜を使うことで、ハイボールに合うおつまみになる。

*2 にんにくチップを作った残りのごま油をサラダにかけることで、にんにくの香りがより際立つ。

生トマトのトマトソースがけ
Wズッキーニのグラタン
オクラのフリット&オクラのソース

TAICHI's comment

夏野菜をふんだんに使ったレシピです。
トマトは夏らしくさっぱりとしていて、
ソースのにんにくとアンチョビがきいています。
グラタンはズッキーニが
みずみずしくて美味しい!
オクラのフリットは、
しっかりとオクラを感じられる大人の味!

photo by TAICHI

伊 菜 **生トマトのトマトソースがけ**

材料(2人分)

フルーツトマト:4個
イタリアンパセリ
(みじん切り):適宜

a｜ 玉ねぎ:15g
　｜ にんにく:⅙片
　｜ アンチョビ:1枚
　｜ 生クリーム、
　｜ オリーブ油:各大さじ1
　｜ 白ワインビネガー:
　｜ 大さじ½
　｜ 塩:小さじ½

★美味しいトマトの選び方
①おしりから放射状に伸びる線
　"スターマーク"の本数が多く、
　はっきりと現れているもの
②ヘタが濃い緑色で、皮にピンと
　張りがあるもの

作り方

① フルーツトマトはヘタを取って、皮の下の方に浅く切り込みを入れる。湯むきをして、3個は縦4等分に切って器に盛る。

② ①の残りのトマト1個を適当な大きさに切り、aとともにフードプロセッサーにかけてなめらかにする。

③ ①に②をかけ、イタリアンパセリを振る。

洋菜 Wズッキーニのグラタン

材料（2〜3人分）

ズッキーニ：2本（370ｇ）
食パン（6枚切り）：1枚
にんにく：1片
鶏ももひき肉：150ｇ

生クリーム：200cc
オリーブ油、塩、
黒こしょう：各適宜
ピザ用チーズ：40ｇ

★美味しいズッキーニの選び方
①太すぎず均一に膨らみがあり、表面に傷がないもの
②皮がやわらかくツヤがあり、色が濃いもの

SHIMPEI'S POINT 食パンが完全に油を吸った時が取り出すベストタイミング。

作り方

① ズッキーニはヘタを切り落とし、⅔量はすりおろし、⅓量は2cm厚さのいちょう切りにする。食パンは1cmの角切りにする。にんにくはみじん切りにする。

② フライパンを熱してオリーブ油大さじ2をひき、いちょう切りにしたズッキーニを強火で炒める。油が回ったら食パンを加えて炒める。少し焼き目がついたら取り出す。

③ フライパンにオリーブ油小さじ1をひいてにんにくを炒める。香りが出てきたら鶏ももひき肉を加えてほぐしながら中強火で炒め、色が変わったらすりおろしたズッキーニを加えてザッと炒める。

④ 生クリームを加えて中火で煮詰める。混ぜると鍋肌が見えるくらい煮詰めたら塩小さじ1、黒こしょうを加えて味をととのえる。

⑤ 耐熱容器に④を入れて②をのせ、塩少々を振り、ピザ用チーズを散らす。トースターでこんがりと焼き目がつくまで焼く。

和菜 オクラのフリット＆オクラのソース

材料（2人分）

オクラ：10本
a かつおだし：大さじ2
　オリーブ油：大さじ1
　薄口しょうゆ：
　大さじ⅔
　黒こしょう：適宜

b 薄力粉：40ｇ
　片栗粉：10ｇ
　水：大さじ4
　サラダ油：大さじ½
　ベーキングパウダー：
　小さじ½
塩：適宜
揚げ油：適宜

★美味しいオクラの選び方
①表面がうぶ毛でびっしり覆われ、緑色が濃く鮮やかなもの
②育ちすぎると味が落ちるため、あまり大きすぎないもの

作り方

① オクラはヘタの先とガクを切り落とす。

② ①のオクラ4本は40〜50秒程塩茹でをし、水にさらして水気をきる。aとともにフードプロセッサーにかける。

③ bを混ぜ合わせて衣を作り、①のオクラ6本をくぐらせて衣をつける。180℃に熱した揚げ油に入れて中強火で揚げる。衣がかたまって薄いきつね色になってきたら油をきって取り出す。

④ 器に②を流し入れ、③を盛る。

夏のイタリアン3品

SUMMER 735

メカジキのコトレッタ プッタネスカ
しらすとカッテージチーズのブルスケッタ／きゅうりの冷製ミネストラ

TAICHI's comment

コトレッタは、
さっぱりとした中にこってり感もある
ソースが新鮮ですね。
ブルスケッタはしらすとチーズが相性抜群。
冷製ミネストラはきゅうりの食感が
感じられて、まさに飲むサラダ！

photo by TAICHI

伊 魚 メカジキのコトレッタ プッタネスカ

材料（2人分）

メカジキ：小4切れ	【プッタネスカソース】
塩：適宜	トマト水煮缶
黒こしょう：適宜	（ダイスカット）：1缶
モロッコインゲン：	にんにく：1片
3本（75g）	アンチョビ：2枚
a 卵：1個	ケッパー：大さじ½
薄力粉：大さじ1	オリーブ油：大さじ2
パン粉：適宜	塩：小さじ½
オリーブ油：大さじ4	

★プッタネスカとは？
アンチョビやオリーブを使った、パスタ等に使われるトマトソース。

作り方

① プッタネスカソースを作る。にんにくはみじん切りにする。アンチョビ、ケッパーはペースト状になるまで細かくたたく。

② フライパンにオリーブ油大さじ1、①、トマト水煮缶を入れてから中弱火にかける。たまに混ぜながら5分程煮詰め、塩、オリーブ油大さじ1を加えて混ぜ合わせて味をととのえる。

③ モロッコインゲンはヘタを切り落とす。メカジキは片面に塩小さじ⅓、黒こしょうを振る。よく混ぜたaをからめてからパン粉をまぶす。

④ フライパンを熱してオリーブ油をひき、モロッコインゲンを入れ、蓋をして強火で揚げ焼きにする。少し焼き目がついたら取り出し、塩1つまみを振る。

⑤ ④のフライパンにメカジキを入れて中火で揚げ焼きにする。こんがりときつね色になってきたら油をきって取り出す。

⑥ 器に②を敷き、⑤をのせ、④を添える。

伊 肴 しらすとカッテージチーズの ブルスケッタ

🔔 シャンパンに よく合う！

材料（2～3人分）

バゲット：適宜	b オリーブ油：大さじ½
しらす：25g	レモン果汁：小さじ1
カッテージチーズ：100g	塩：小さじ⅕
ディル：5g	オリーブ油：適宜
a にんにく	
（すりおろし）：1片分	
オリーブ油：大さじ1	

★ブルスケッタとは？
にんにくを表面にすり込んで焼いたガーリックトーストに、好きな具材をトッピングして食べるイタリアの定番料理。

作り方

① バゲットは1cm厚さに切る。片面によく混ぜ合わせたaを塗る。トースターでこんがりと焼く。

② ボウルにカッテージチーズ、刻んだディル、bを入れて混ぜ合わせる。

③ ①に②、しらすをのせ、オリーブ油を回しかける。

伊 汁 きゅうりの冷製ミネストラ

材料（2人分）

きゅうり：2本	a 冷たいかつおだし：
オリーブ油：適宜	400cc
	薄口しょうゆ：
	大さじ3
	レモン果汁：小さじ1

★ミネストラとは？
少ない食材で作るシンプルなスープのこと。

作り方

① きゅうりはヘタを落としてざく切りにし、aとともにフードプロセッサーに入れてなめらかになるまで撹拌する。

② 器に盛ってオリーブ油を回しかける。

スペアリブのスパイシー炭火焼き
スペアリブのもつ煮風
ラム肉の漬け込みロースト

太一
レシピ
TAICHI'S RECIPE

SUMMER 736

TAICHI's comment

炭火焼きはいろいろな調味料を
混ぜ合わせた味つけが絶品！
もつ煮風は味がしっかりしていて、
煮汁もごはんに合いますね
漬け込みローストは
サルサソースをかけることで、
あっさりとした仕上がりに。

photo by TAICHI

洋 肉 ## スペアリブのスパイシー炭火焼き

ビールに
よく合う！

材料（4人分）

スペアリブ：1kg

a
砂糖、塩：各小さじ1
ガーリックパウダー、
コリアンダーパウダー、
クミンパウダー、
チリパウダー：
各小さじ1

b
ケチャップ：大さじ4
チリパウダー、砂糖：
各小さじ1
コリアンダーパウダー、
ガーリックパウダー：
各小さじ½

作り方

① スペアリブは密閉袋に入れ、aを加えてもみ込み、冷蔵庫で一晩置く。

② 炭を熱して網をのせる。網の上に①を並べてのせ、スキレットを蓋をするようにかぶせて中強火で焼く。5分ごとに様子をみながら全面を焼く。*2 焼き目がしっかりついたスペアリブは上に重ねながら全体にじっくり火を通す。

③ 小鍋にbを入れて中火にかけ、砂糖が溶けるまで加熱する。

④ ②に③を塗って器に盛る。

SHIMPEI's POINT

*1 スキレットで蓋をすることで、蒸し焼きになり中までしっかり火が通る。

*2 焼きムラがないように、様子をみながら満遍なく火を通すことが重要。

和肉 スペアリブのもつ煮風

材料（4人分）

スペアリブ：1kg
a ┌ 麺つゆ（3倍濃縮）：
　│ 50cc
　└ 酒：25cc
水：1000cc
だしパック：2パック
酒：25cc
にんじん：小1本
大根：250g

こんにゃく（アク抜き不要のもの）：1枚（200g）
ニラ：½束
赤唐辛子：2本
b ┌ にんにく、しょうが
　│ （各すりおろし）：
　│ 各2片分
　│ みりん：80cc
　└ しょうゆ：50cc

SHIMPEI'S POINT
ニラは結わいてから煮ることで肉の脂がよくからんで美味しく仕上がる。

作り方

① スペアリブは密閉袋に入れ、aを加えてもみ込み、冷蔵庫で一晩置く。

② ダッチオーブンに水、だしパック、酒、①を入れ、蓋をして強火にかけ、沸いてきたら中弱火で30分煮る。

③ にんじん、大根は皮をむいてから大きめの乱切りにし、こんにゃくはスプーンで一口大にちぎる。ニラは1本ずつ結わく。赤唐辛子はヘタと種を取り除く。

④ ②にbを加えて混ぜ合わせ、にんじん、大根、こんにゃく、赤唐辛子を加え、蓋をして30分煮る。

⑤ ニラを加えて一煮する。

洋肉 ラム肉の漬け込みロースト

（太一レシピ TAICHI'S RECIPE）

材料（4人分）

ラムチョップ：約400g
塩：小さじ1弱
砂糖：小さじ½
a ┌ オリーブ油、白ワイン：
　│ 各大さじ2
　│ 黒こしょう：適宜
　│ クミンパウダー：
　│ 小さじ1
　│ にんにく（すりおろし）：
　└ 小さじ½
ローズマリー：2本
ローリエ：1枚
ズッキーニ：1本
赤パプリカ、黄パプリカ：
各1個

【サルサ】
トマト（1cm角に切る）：
2個分
紫玉ねぎ（みじん切り）：
½個分（100g）
セロリ（みじん切り）：
1本分（100g）
香菜（みじん切り）：2株分
青唐辛子（みじん切り）：
大1本分
b ┌ にんにく（すりおろし）：
　│ 小さじ1
　│ オリーブ油：大さじ4
　└ レモン果汁：大さじ2
塩：小さじ½〜1
タバスコ：適宜

TAICHI'S POINT
ラムチョップは数カ所穴を開けることで味が染み込みやすく、やわらかい仕上がりになる。

作り方

① ラムチョップはフォーク等で数カ所穴を開け、塩、砂糖を振りよくもみ込む。密閉袋にラム肉を入れ、aを加えてもみ込み、ローズマリー、ローリエを加えて冷蔵庫で3時間〜1日置く。

② サルサを作る。ボウルにbを合わせ、トマト、紫玉ねぎ、セロリ、香菜、青唐辛子を加えて混ぜ合わせる。保存容器に入れ冷蔵庫で一晩置く。

③ 炭を熱して網をのせる。ズッキーニと赤・黄パプリカを並べてたまに返しながら皮が黒く焦げるくらいまで中火でじっくり焼く。

④ 網の空いているところに①をのせて中火で両面を焼く。

⑤ ②の味をみながら塩を加えてととのえる。好みでタバスコを加える。

⑥ ③の野菜は焦げた皮をむいて食べやすい大きさに切る。

⑦ 器に④、⑥を盛り、⑤を添える。

せせりポン酢
夏野菜の肉巻き串
乱暴ハンバーグ

ベランダ飯
レシピ
VERANDAMESHI'S RECIPE

TAICHI's comment

せせりポン酢はやわらかい肉が美味しい！
肉巻き串は蒸し焼きにすることで
旨味がしっかりと閉じ込められています。
ハンバーグはとてもジューシーで
食べ応えがありますね。

GUEST ★ベランダ飯

photo by TAICHI

和 肉 せせりポン酢   ビールによく合う!

材料（1～2人分）

鶏せせり肉：300g
サラダ油：適宜
マヨネーズ：適宜
ポン酢：適宜
青ねぎ（小口切り）：適宜
一味唐辛子：適宜

VERANDAMESHI's POINT

ホットサンドメーカーで密閉して蒸し焼きにすることで鶏肉の旨味が凝縮される。たまにホットサンドメーカーの位置を動かして、火通りが均一になるようにするのがポイント。

作り方

① ホットサンドメーカーの両面にサラダ油を塗り、鶏せせり肉を並べて閉じる。中弱火で8分程裏返しながら焼く。

② マヨネーズをストライプ状にかけ、バーナーであぶって焼き目をつける。

③ ポン酢をかけ、青ねぎを振り、好みで一味唐辛子をかける。

和 肉 夏野菜の肉巻き串 マッコリによく合う!

材料（1～2人分）

ナス：適宜
かぼちゃ：適宜
ミニトマト：適宜
ししとう：適宜
豚バラ薄切り肉（長め）：8～12枚
好みのスパイス（または塩、黒こしょう）：適宜
サラダ油：適宜

作り方

① ナスは縦半分に切ってから6等分に切る。かぼちゃは薄切りにする。ミニトマトとししとうはヘタを取る。

② ①の野菜をそれぞれ豚バラ薄切り肉で巻く。アルミ串に刺す。好みのスパイス（または塩、黒こしょう）を振る。

③ ホットサンドメーカーの両面にサラダ油をひいて温め、②を並べて閉じる。豚肉の両面に焼き目がしっかりつくまで中火で7～8分程焼く。ホットサンドメーカーを裏返す際に脂が出るので、別の容器等に捨てながら焼く。

④ 豚肉と野菜に火が通ったら完成。

VERANDAMESHI's POINT

豚肉の巻き終わり部分が同じ方向になるように串に刺し、巻き終わり部分から焼いていくことで形が崩れずキレイに仕上がる。

洋 肉 乱暴ハンバーグ

材料（1～2人分）

合いびき肉：300～400g
卵：1個
サラダ油：適宜
オリーブ油：小さじ2
パン粉：大さじ4
好みのスパイス（または塩、黒こしょう）：適宜
スライスチーズ（溶けるタイプ）：適宜
パセリ（乾燥）：適宜

作り方

① ホットサンドメーカーの片面にサラダ油をひいて卵を割り入れ、目玉焼きを作る。いったん取り出す。

② ホットサンドメーカーの片面にオリーブ油小さじ1をひき、その上にパン粉大さじ2を満遍なく振りかける。さらに合いびき肉の半量を重ね、スプーン等で成形する。好みのスパイス（または塩、黒こしょう）を振りかけ、好みの枚数だけスライスチーズを重ねる。その上に合いびき肉のもう半量を重ね、残りのパン粉を全体にまぶし、オリーブ油小さじ1をかける。

③ ホットサンドメーカーを閉じ、中弱火で片面6～7分ずつ火が通るまでひっくり返しながら両面を焼く。

④ 最後に①をのせ、パセリを振りかけたら完成。

SUMMER 738

スパムおにぎり風ぶっかけ飯
豆腐卵の煮込みぶっかけ飯
炒り鯛の冷やしぶっかけ飯

TAICHI's comment

スパムおにぎり風ぶっかけ飯は、
スパムの味がしっかりしていて
ごはんとの相性が抜群！
豆腐卵の煮込みぶっかけ飯は
優しい味で体が温まります。
炒り鯛の冷やしぶっかけ飯はだしが最高。

photo by TAICHI

和飯 スパムおにぎり風ぶっかけ飯

材料（2人分）

スパム：100g
卵：2個
塩：2つまみ
サラダ油：小さじ2

温かいごはん：2人分
焼き海苔、
かつお節（ソフトパック）、
黒こしょう：各適宜

★スパムおにぎりとは？
沖縄やハワイで人気のある、スパムや卵焼きをはさんだおにぎり。

作り方

① スパムは1.5cm角に切る。ボウルに卵を割り入れ、塩を加えて溶き混ぜる。

② フライパンを熱してサラダ油をひき、スパムを入れて強火で炒める。表面に少し焼き目がついたら取り出す。

③ スパムと同じフライパンに溶き卵を流し入れ、木べらで大きく混ぜながら中強火で加熱し、半熟のスクランブルエッグにする。

④ 器にごはんを盛って②、③の順にのせる。ちぎった焼き海苔を散らし、かつお節、黒こしょうを振る。

和飯 豆腐卵の煮込みぶっかけ飯

材料（2人分）

豆腐（絹）：½丁（170g）
油揚げ：½枚（20g）
みょうが：1個
a ┌ かつおだし：200cc
　│ しょうゆ、みりん、酒：
　│ 各大さじ1
　└ 塩、砂糖：各小さじ1

b ┌ 片栗粉、水：各小さじ2
卵：2個
温かいごはん：2人分
青ねぎ（小口切り）：適宜

作り方

① 豆腐は4等分に切る。油揚げは1cm角に切る。みょうがは薄い輪切りにする。

② 小鍋にaを混ぜ合わせ、豆腐を入れて中強火にかける。豆腐が温まったらよく混ぜたbを加えて中火で煮詰め、とろみがついたら油揚げを加えて中央に卵を割り入れ、蓋をして弱火で3分煮る。

③ 器にごはんを盛って②をかけ、みょうが、青ねぎを添える。

和飯 炒り鯛の冷やしぶっかけ飯

材料（2人分）

鯛：2切れ（200g）
a ┌ かつおだし：300cc
　│ 薄口しょうゆ：大さじ1
　│ 酒：大さじ½
　└ 塩：小さじ¼

b ┌ しょうゆ：大さじ2
　│ 酒、みりん：各大さじ1
　│ 白すりごま：小さじ2
　└ 砂糖：小さじ1
ごはん：2人分
青ねぎ（小口切り）：適宜

作り方

① 小鍋にaを混ぜ合わせて一煮立ちさせる。ボウルに移して粗熱を取り、冷蔵庫で冷やす。

② フライパンに鯛の皮目を下にして入れ、中火で加熱する。火が通ってきたら返して両面を焼き、皮を取り除く。骨を取り除きながらほぐしてそぼろ状になるまで炒める。bを加えて炒め合わせる。粗熱を取って冷蔵庫で冷やす。

③ 器にごはんを盛って②をかけ、①を注ぐ。青ねぎを散らす。

SHIMPEI'S POINT
鯛のうろこが残っている場合は取り除いておく。

じゃがいもとひき肉の洋風おやき
ベーコン入りプティン
しば漬けとカニカマのポテトサラダ

TAICHI's comment

おやきはすりおろした
じゃがいもの食感が新しい！
プティンはベーコンの塩気と
クリーミーなチーズが、
じゃがいもと相性抜群。
ポテトサラダはしば漬けの塩気が絶妙で、
軽くてどんどん食べられます
料理によってじゃがいもを使い分けると、
いろいろな味が楽しめますね！

photo by TAICHI

洋菜 じゃがいもとひき肉の洋風おやき

材料(2〜3人分)

じゃがいも(メークイン):
大1個(300g)

a
- 豚ひき肉:150g
- 卵:1個
- にんにく(みじん切り):1片分
- サワークリーム、薄力粉:各大さじ2
- 塩:小さじ½
- 黒こしょう:適宜

オリーブ油:大さじ3

b
- プレーンヨーグルト:大さじ3
- サワークリーム:大さじ1
- にんにく(すりおろし):1片分
- 塩:小さじ½
- 黒こしょう:適宜

イタリアンパセリ
(みじん切り):適宜

作り方

① じゃがいもは皮をむいてすりおろし、軽く水気をきってボウルに入れる。aを加えてよく混ぜ合わせる。4等分に分けて1cm厚さに丸くまとめる。

② フライパンを熱してオリーブ油をひき、①を入れて、中弱火でじっくり焼く。焼き目がついたら返して両面をこんがりと焼く。

③ bを混ぜ合わせる。

④ 器に②を盛って③をかけ、イタリアンパセリを散らす。

洋肴 ベーコン入りプティン　🍺 ビールによく合う！

材料(作りやすい分量)

じゃがいも
(ノーザンルビー、メークイン)：
600g
強力粉：大さじ3
揚げ油：適宜
スライスチーズ
(溶けるタイプ)：2枚
イタリアンパセリ
(みじん切り)：適宜

【グレイビーソース】
ベーコン：2枚(40g)
バター：10g
a｜水：100cc
　｜コンソメ(顆粒)：
　｜小さじ1
　｜片栗粉：小さじ1

★プティンとは？
フライドポテトの上にグレイビーソースとチーズをかけた、カナダを代表する料理。

作り方

① グレイビーソースを作る。ベーコンはみじん切りにする。小鍋にベーコン、バターを入れて中火で炒める。ベーコンの香りが出てきたらよく混ぜたaを加え、とろみがつくまでかき混ぜながら煮詰める。

② じゃがいもは皮つきのまま、縦6等分に切る。ボウルに入れて強力粉を全体にまぶす。

③ 揚げ油を170℃に熱し、②を入れ、たまに返しながら中火で揚げる。周りがカリッとしてきつね色になってきたら油をきって取り出す。

④ 耐熱皿に揚げたての③を盛り、すぐにスライスチーズをのせる。再度熱々に温めた①をかける。チーズが溶けたらイタリアンパセリを散らす。

洋菜 しば漬けとカニカマのポテトサラダ

材料(3〜4人分)

じゃがいも
(ノーザンルビー)：400g
ブロッコリー：⅓個(70g)
しば漬け：40g

カニカマ：75g
マヨネーズ：大さじ3
塩、黒こしょう：各適宜

SHIMPEI's POINT
じゃがいもは、水から時間をかけて火を通すことで甘みが引き立ち、ホクホクとした食感に仕上がる。

作り方

① じゃがいもは皮をむいて4等分に切る。鍋に入れてかぶるくらいの水を加えて中強火で茹でる。竹串がスッと通ったら茹で汁を捨て、再び強火にかけて表面の水分を飛ばす。ボウルに移してマッシャーで潰し、粗熱を取ってから冷蔵庫で冷やす。

② ブロッコリーは塩少々を加えた熱湯で40秒茹でる。ザルに上げて流水で洗って粗熱を取り、水気をきる。1cm角くらいに刻む。

③ しば漬けは粗みじん切りにする。カニカマは5mm角に切る。

④ ①に②、③、マヨネーズ、塩小さじ⅓、黒こしょうを加えて混ぜ合わせる。

2022.08.21OA

メキシコ料理2品

エンチラーダ
コクテル デ マリスコス

TAICHI's
comment

エンチラーダは
トマトの酸味と辛味が最高！
真夏の味ですね。
コクテル デ マリスコスは
さっぱりとしたトマトソースの中にも
辛味があって美味しいです。

photo by TAICHI

洋 肉 エンチラーダ

材料(2～3人分)

【フィリング(中に詰める具材)】

鶏もも肉：400g
塩：小さじ1
黒こしょう：適宜
玉ねぎ：1個(200g)
にんにく：1～2片
青唐辛子(生)：1本
赤パプリカ：½個(100g)
オリーブ油：大さじ1
a｜水：100cc
チリパウダー、
クミンパウダー：
各小さじ1
トマト水煮缶
(ダイスカット)：
大さじ3

【トマトソース】

トマトの水煮缶
(ダイスカット)：
1缶から大さじ3を
除いた量(345g)
香菜：15g
にんにく：1片
オリーブ油、白ワイン：
各大さじ1
塩：小さじ½
砂糖：小さじ1

トルティーヤ：4枚
ピザ用チーズ：40g

SHIMPEI's POINT 具材はしっかりと煮詰めて濃縮することで、旨味が出て美味しく仕上がる。

作り方

① トマトソースを作る。香菜、にんにくはみじん切りにする。鍋にトマト水煮缶、にんにく、オリーブ油、白ワインを入れて中火で3～4分煮る。少しとろみがついたら塩、砂糖、香菜を加えて混ぜ、火を止める。

② 鶏もも肉は2cm角に切って、塩小さじ½、黒こしょうを振る。玉ねぎ、にんにく、青唐辛子はみじん切りにする。赤パプリカは5mm角に切る。

③ フライパンを熱してオリーブ油をひき、鶏肉を入れて中強火で炒める。鶏肉の色が変わったら玉ねぎ、にんにく、青唐辛子、赤パプリカを加えて炒め合わせる。油が回ったらaを加え、たまに混ぜながら中火で15分煮る。水分がほぼ無くなってきたら塩小さじ½を加えて味をととのえる。

④ トルティーヤで③を包んで巻き、巻き終わりを下にして耐熱容器に並べる。上から①をかけ、ピザ用チーズを散らし、180℃に予熱したオーブンで10分程焼く。

洋 魚 コクテル デ マリスコス

材料(2～3人分)

むきエビ：250g
水：250cc
塩：小さじ1
玉ねぎ：小¼個
きゅうり：½本(45g)
アボカド：1個

a｜トマトジュース(無塩)：
200cc
ライム果汁、オリーブ油：
各大さじ1
タバスコ：小さじ2
塩：小さじ1
チリパウダー：小さじ½
ライム(くし形切り)：適宜

SHIMPEI's POINT 生のエビは加熱してから余熱で火を通すと旨味が残り美味しく仕上がる。

作り方

① むきエビは背開きにし、背ワタを取り除く。小鍋に水、塩を入れて沸かし、エビを加えて弱火で15秒程茹でる。火を止めてそのまま1分置く。ザルに上げて流水で洗って冷やし、キッチンペーパーで水気を拭く。

② 玉ねぎはみじん切りにして水にさらし、ザルに上げてキッチンペーパーで水気を絞る。きゅうりは縦半分に切ってスプーンで種を取り除き、1cm幅に切る。アボカドは包丁で縦半分にぐるりと切り込みを入れて半分に割り、種と皮を取り除いて2cm角に切る。

③ ボウルにaを混ぜ合わせ、①、②を加えて和える。器に盛ってライムを添える。

塩五目焼きそうめん
カリカリじゃこのエビしょうゆ和えそうめん
そばめし風そうめん

TAICHI's comment

五目そうめんは味つけが
絶妙なバランスで美味しい！
エビしょうゆ和えそうめんは
中華風でエビの歯応えもいいですね！
そばめし風そうめんはそうめんの
存在感があって食感を楽しめます。

photo by TAICHI

和 麺 塩五目焼きそうめん

材料（2人分）

そうめん：2束（100g）
豚トロ：70g
にんじん：30g
ニラ：30g
にんにく：1片
きくらげ（乾燥）：6g
もやし：100g

赤唐辛子（小口切り）：1本分
ごま油：大さじ1½
a　酒：大さじ1
　　鶏がらスープの素
　　（半練り）：小さじ1
塩、黒こしょう：各適宜

作り方

① 豚トロは1cm幅に切って塩小さじ⅕、黒こしょう少々を振る。にんじんは縦細切りに、ニラは5cm長さに切り、にんにくはみじん切りにする。きくらげは水で戻して食べやすく切る。aを合わせる。

② そうめんは沸騰した湯で2分茹で、流水で洗って水気をきり、ごま油大さじ½をまぶす。

③ フライパンを熱してごま油大さじ1をひき、豚トロ、にんにくを入れて強火で炒める。豚トロに半分くらい火が通ったらにんじん、ニラ、もやし、きくらげを加えて炒める。油が回ったら赤唐辛子、②を加えてほぐしながら炒める。a、塩小さじ⅓、黒こしょう少々を振って炒め合わせる。

和　麺　カリカリじゃこの エビしょうゆ和えそうめん

材料（2人分）

そうめん：3束（150g）	【エビしょうゆだれ】
ごま油：大さじ1	干しエビ：10g
ちりめんじゃこ：15g	水：大さじ2
青ねぎ：4本	にんにく（みじん切り）：
	½片分
	しょうゆ：大さじ3
	みりん：大さじ1
	砂糖：大さじ½

作り方

① エビしょうゆだれを作る。干しエビと水を合わせて やわらかくする。干しエビをみじん切りにして小鍋 に戻し汁ごと入れ、その他の材料を加えて中火にか ける。たまに混ぜながら半量になるまで煮詰める。

② 小さめのフライパンにごま油をひき、ちりめんじゃ こを入れて中火にかける。カリッと色づくまで加熱 する。

③ 青ねぎは2〜3cm幅の斜め切りにする。

④ そうめんは沸騰した湯で2分茹で、流水でよく洗っ て水気をしっかりきる。

⑤ 器に④を盛り、①をかける。②を油ごとかけ、③を のせる。よく混ぜながら食べる。

和　麺　そばめし風そうめん

材料（2人分）

そうめん：1束（50g）	ラード：大さじ1
ごはん：200g	天かす：大さじ2
豚バラ薄切り肉：70g	a｜ウスターソース：
塩：適宜	大さじ2
白こしょう：適宜	しょうゆ：大さじ1
キャベツ：¼個	中濃ソース：大さじ½
ピーマン：1個	かつお節（ソフトパック）、
にんじん：20g	青海苔：各適宜

作り方

① 豚バラ薄切り肉は1cm角に切って塩小さじ⅕、白こ しょうを振る。キャベツは1cm角に切り、ピーマン、 皮をむいたにんじんは5mm角に切る。

② そうめんは1cm長さに折ってから、沸騰した湯で 1分半茹で、流水で洗って水気をきる。

③ フライパンを熱してラードを溶かし、豚肉を入れて 中火でカリカリになるまでじっくり炒める。天かす を加えて炒め、キャベツ、ピーマン、にんじんを加 えてさらに炒める。

④ 具を片側に寄せ、空いたところにごはんを入れて鍋 肌に押しつけるようにしながら加熱する。全体を混 ぜ合わせて②を加え、炒め合わせる。

⑤ 全体がほぐれたら片側に寄せ、空いたところにaを 加え、フツフツしてきたら塩小さじ⅓、白こしょうを 加えて全体を炒め合わせる。鍋肌に木べらで押さえ ながら少し焼きつける。

⑥ 器に盛ってかつお節、青海苔を振る。

SHIMPEI'S POINT　細かくしたそうめんを入れることでもっちり とした食感が加わり、小麦の風味も感じら れる。

キムチチャーハン
ビビンパ風餃子

TAICHI's comment

キムチチャーハンはすし酢の酸味が
加わることで味にまとまりが出て、
豚肉の旨味が引き立ちますね。
ビビンパ風餃子は、新感覚の食感に驚き！

photo by TAICHI

中 飯 キムチチャーハン

材料（2人分）

かために炊いたごはん：400g	a	酒、しょうゆ：各大さじ½
豚肩ロース肉（焼き肉用）：100g		鶏がらスープの素（半練り）：小さじ1
青ねぎ：5本		すし酢：大さじ1
にんにく：½片		塩：適宜
キムチ：100g		黒こしょう：少々
ごま油：大さじ1½		

作り方

① 豚肩ロース肉は小さめの一口大に切って塩小さじ¼、黒こしょうを振る。*1 青ねぎは2cm幅に切り、にんにくは粗みじん切りにし、キムチは1cm角に刻む。 a を合わせておく。

② フライパンを熱してごま油をひき、豚肉を入れて強火で炒める。色が変わってきたら、にんにく、*2 キムチを入れて炒める。豚肉に火が通ったら具を寄せ、*3 空いたところにごはんを加えて鍋肌に押しつけるようにして加熱し、ごはんが熱々になったらほぐしながら全体を炒め合わせる。

③ a を加えて炒め合わせ、青ねぎ、塩小さじ¼、すし酢を鍋肌から加えてザッと炒める。

SHIMPEI'S POINT

*1 キムチは味が強いので、青ねぎとにんにくは細かく切りすぎないようにして風味や存在感を残すと美味しく仕上がる。

*2 キムチはごはんを加える前に炒めて表面の水分を飛ばしておくことで、仕上がりがベチャッとならない。

*3 ごはんは具を寄せて空いたところに入れ、鍋肌に押しつけるようにして加熱すると、ほぐしやすい。

韓 肉 ビビンパ風餃子

材料（2〜3人分）

豚ひき肉：200g	a	にんにく（すりおろし）：½片分
にんじん：50g		ごま油：大さじ1½
ほうれん草：2株（70g）		酒、しょうゆ：各大さじ½
もやし：100g		塩：小さじ¼
餃子の皮（大判）：1袋		黒こしょう：適宜
塩、水、サラダ油：各適宜		
	b	コチュジャン、砂糖：各適宜

作り方

① にんじんは縦2mm厚さに切ってから縦細切りにする。ほうれん草は3cm幅に切る。鍋に湯を沸かして塩を加え、にんじん、ほうれん草、もやしを入れてサッと茹でる。ザルに上げて流水で冷まし水気を絞る。

② ボウルに豚ひき肉、a、①を入れてよく混ぜ合わせる。

③ 餃子の皮の縁にぐるりと水をつけ、②をのせ、包むように半分に折ってひだを寄せながらピッチリ閉じる。

④ b を混ぜる。

⑤ フライパンを熱してサラダ油小さじ1をひき、③を6個並べて強火で加熱する。パチパチ音がしてきたら水40ccを加えて蓋をして中強火で蒸し焼きにする。水分が無くなって裏にこんがりと焼き目がついたら、焼き目を上にして器に盛る。

⑥ 残りも同様に焼く。④を添える。

SHIMPEI'S POINT

具材が全体にまんべんなくいきわたるように混ぜ合わせることで、いろいろな野菜を同時に味わえる。

裏 男子ごはん DANSHI GOHAN
TALK 傑作選 TIME vol.2

俺たちのクラフトコーラ作り

ホットサンドメーカーで作る絶品レシピを紹介してくださったベランダ飯さんに、
アウトドアにもぴったりなクラフトコーラシロップの作り方を教わりました。

● クラフトコーラとは

手作りのコーラのこと。スパイスをきかせて
自分好みのクラフトコーラシロップを作り、
炭酸水や酒で割って楽しむのが人気。

普段からよくクラフトコーラを
作っているというベランダ飯さん。
太一は「メスティンでコーラを作
るの?」と作り方にも興味津々。

クラフトコーラシロップ

材料（10〜12杯分）
三温糖：400g（色は薄くなるが上白糖でも可）／水：400cc
シナモンスティック：3本／カルダモン（ホール）：20粒／レモン：2個／クローブ（ホール）：40粒／バニラエッセンス：5滴

① シナモンスティックは手で半分に折る。
カルダモンは包丁やキッチンばさみで半
分に切って種を取り出す（さやも使う）。

② レモンは1個を全て輪切りにし、もう1個
は半分に切ってから果汁を搾る。残った
皮は細切りにする。

③ 搾ったレモン果汁とバニラエッセンス以
外の全ての材料をメスティンに入れる。
中火にかけて、沸騰したら弱火で約10分
煮る。

④ 火を止め、粗熱が取れたらレモン果汁と
バニラエッセンスを加え、蓋を閉めて冷
蔵庫で半日〜1日寝かせる。

⑤ 目の細かいザルでこしたら完成。好みの
割り方で楽しむ。

オススメの飲み方

グラスに氷、クラフトコーラシ
ロップ大さじ3を入れ、好みで
ウォッカ適宜を加える。
炭酸水250〜300ccを注いで
軽く混ぜる。

太一「うまい! しっかりコーラ。この味は売れるよ!」
心平「お昼にいいですね。キャンプ場とかで飲めたら最高!」と2人も絶賛する美味しさでした。

男子ごはんの秋。
AUTUMN

秋の和定食

かつおのたたき／ナスの炒め和え
ひじきしょうがごはん／えのきのすまし汁

TAICHI's comment

かつおはたたきにすることで、
香りが引き立ちますね。
ナスの炒め和えは
しっかりした味で、箸が進みます。
ひじきしょうがごはんは
さっぱりしていて食べやすい！
すまし汁は上品で奥深い味わいです。

photo by TAICHI

[和 飯] **ひじきしょうがごはん**

材料（3～4人分）

白米：2合
ひじき（乾燥）：10g
しょうが：20g

a｜酒、みりん、しょうゆ：
　｜各大さじ1
　｜塩：小さじ½
かつおだし：適宜

作り方

① ひじきはたっぷりの水に15分程浸して戻す。しょうがはみじん切りにする。白米は洗ってザルに上げる。

② aとかつおだしを合わせて340ccにして、よく混ぜる。

③ 炊飯器に米、②を入れて混ぜ、水気をきったひじき、しょうがを加えて普通に炊く。

和 魚 かつおのたたき

材料（2人分）

かつお（刺身用）：
1さく（200g）
にんにく：2片
ごま油：大さじ1

a
- ポン酢、しょうゆ：
  各大さじ1
- みりん：大さじ½
塩：2つまみ
青じそ（千切り）：5枚分

SHIMPEI'S POINT　かつおは魚焼き用の網を使って強火で火を通すことで美味しく仕上がる。

作り方

① にんにくは薄切りにする。小さめのフライパンにごま油をひき、にんにくを入れて弱火でカリカリになるまで加熱する。油はとっておく。

② ボウルにa、①の油を入れて混ぜる。

③ かつおに塩を振る。魚焼き用の網を熱して脂身が多い側からのせ、強火で両面を焼く。取り出して食べやすい大きさに切る。

④ 器に③を盛って②をかけ、青じそ、①のにんにくチップを砕きながら散らす。

和 菜 ナスの炒め和え

材料（2人分）

ナス：2本

a
- しょうゆ、酢：各大さじ1
- みりん：大さじ½
- 砂糖：小さじ½
サラダ油：大さじ1
青ねぎ（小口切り）：4本分

SHIMPEI'S POINT　ナスは油の温度が低い状態で加えると油を吸いすぎてしまうので、油をしっかりと加熱してから炒める。

作り方

① ナスはヘタを切り落とし、7mm厚さの輪切りにする。aを混ぜ合わせる。

② フライパンを熱してサラダ油をひき、ナスを入れて中火でじっくり炒める。ナスに火が通ったらaを加えてからめながら加熱する。

③ 半分くらい煮詰まったら器に盛って青ねぎを散らす。

和 汁 えのきのすまし汁

材料（2人分）

えのき：1袋
長ねぎ：⅓本
かつおだし：400cc

a
- しょうゆ：大さじ1½
- 酒：大さじ1
- みりん：大さじ½
- 塩：小さじ½
粉山椒：適宜

SHIMPEI'S POINT　濃いめの味つけにすることで、えのきから水分が出ても味がぼやけない。

作り方

① えのきは石づきを落として2cm幅に刻む。長ねぎは小口切りにする。

② 鍋にかつおだしを入れて強火で沸かし、aを加えて混ぜ合わせる。えのきを加えて一煮し、しんなりしたら火を止める。

③ お椀に盛って長ねぎを散らし、粉山椒を振る。

2022.09.25 OA

米粉を使った3品

フォー風すいとん
米粉のお好み焼き／米粉の海苔しそ唐揚げ

TAICHI's comment

すいとんはエスニックな
スープと相性抜群！
お好み焼きは軽くてさっぱりとしていて
食べやすいです。
海苔しそ唐揚げは斬新な食感で、
青じそと海苔の風味が引き立って美味しい！

photo by TAICHI

亜粉 フォー風すいとん

材料（2人分）

【すいとん】

米粉：200g

塩：小さじ½

水：100〜150cc

【スープ】

鶏ひき肉：150g

水：400cc

酒：大さじ1

ナンプラー：大さじ½

塩：小さじ⅔

香菜（食べやすく切る）：適宜

★米粉とは？
米を砕いて粉状にしたもの。主に、うるち米から作られる上新粉と、もち米から作られるもち粉に分けられる。小麦粉に比べて油の吸収率が低く、さっぱりとしていてヘルシー。グルテンフリーなので、小麦アレルギーの方でも安心して食べられる。

作り方

① すいとんを作る。ボウルに米粉、塩を入れて混ぜ、水を少しずつ加えながらよくこねる。一口大にちぎり、生地の中央を指で押さえて平らにまとめる。

② スープを作る。鍋に水、酒を入れて強火にかける。沸いたら鶏ひき肉を少しずつ加える。再び沸いてきたらアクを取り、蓋をして中弱火で6分煮る。ナンプラー、塩を加えて混ぜる。

③ 別の鍋に湯を沸かし、①を入れ、たまに混ぜながら中火で5〜6分茹でる。茹で上がったらザルに上げて茹で汁をきる。

④ 器に③を盛り、②をかける。香菜を添える。

和 粉 米粉のお好み焼き

材料（2枚分）

豚バラ薄切り肉：
100〜140g
長芋：100g
白菜：400g
サラダ油：大さじ1
中濃ソース、マヨネーズ、
かつお節（ソフトパック）、
青海苔：各適宜

a | 米粉：100g
水：50cc
卵：2個
天かす：大さじ2
かつお節粉、
薄口しょうゆ：
各大さじ1
塩：小さじ⅓

作り方

① 豚バラ薄切り肉は半分に切る。長芋は皮をむいてすりおろす。

② 白菜は1cm角に切って熱湯でしっかり茹でる。しんなりしたらザルに上げて流水で洗って冷まし、水気をしっかり絞る。

③ ボウルにaを混ぜ合わせ、長芋、②を加えて混ぜる。

④ フライパンを熱してサラダ油大さじ½をひき、③の半量を丸く流し入れ、上に半量の豚肉をのせて中火で焼く。生地に焼き目がついたら返して両面を焼く。もう1枚分も同様に焼く。

⑤ 器に盛って中濃ソース、マヨネーズをかけ、かつお節、青海苔を振る。

和 肉 米粉の海苔しそ唐揚げ

材料（2人分）

鶏もも肉（唐揚げ用）：300g
青じそ：10枚
刻み海苔：3〜4g

米粉、揚げ油：各適宜
レモン（くし形切り）：適宜

a | しょうが（すりおろし）：
1片分
酒：大さじ2
薄口しょうゆ：大さじ½
塩：小さじ⅔

【梅肉だれ】
梅干し：2個
みりん：大さじ½
しょうゆ：小さじ1

作り方

① 梅肉だれを作る。梅干しは種を取り除いてたたき、その他の材料と混ぜ合わせる。

② ボウルに鶏もも肉を入れ、みじん切りにした青じそ、刻み海苔、aを加えてよくもみ込む。1切れずつ丁寧に米粉をまぶす。

③ 揚げ油を180℃に熱し、②を入れて中火で揚げる。衣がかたまってきたらたまに返しながら揚げる。きつね色にカリッとしたら油をきって取り出す。

④ 器に盛って①、好みでレモンを添える。

SHIMPEI'S POINT 鶏肉は1切れずつ米粉をまぶすことで、揚げた時に刻み海苔がはがれにくくなる。

ジューシーチキンソテー オニオンソースがけ

ハムと玉ねぎのさっぱりコールスロー
炒めじゃがいものコンソメスープ

AUTUMN
746

昭和の
洋食屋さん
メニュー

第10弾

photo by TAICHI

`洋` `肉` ジューシーチキンソテー オニオンソースがけ

材料（2人分）

鶏もも肉：2枚（330g／枚）	【オニオンソース】
塩：小さじ⅔	玉ねぎ：1個
黒こしょう、片栗粉：各適宜	a ┌ しょうゆ：大さじ4
オリーブ油：適宜	├ 白ワインビネガー：大さじ3
	├ 白ワイン：大さじ2
	└ 砂糖：小さじ4
	バター：20g

SHIMPEI'S POINT

*1 フライパンに残った油には鶏肉の旨味が出ているので、捨てずにそのままソースに使用する。

*2 玉ねぎは加熱しすぎずに食感を残しておくことで、歯応えを楽しめるソースになる。

作り方

① 鶏もも肉は身の方に2cm幅の切り込みを入れて、塩、黒こしょうを振る。全体に片栗粉をまぶす。

② 玉ねぎはみじん切りにする。aを混ぜ合わせておく。

③ フライパンを熱してオリーブ油大さじ½をひき、①の鶏肉1枚を皮目を下にして入れ、蓋をして中火で焼く。皮に焼き目がついたら裏返して両面をじっくり焼く。火が通ったら取り出す。もう1枚も同様に焼いて取り出す。途中、油が足りなくなったら、適宜オリーブ油を足す。

④ ソースを1人分ずつ作る。③のフライパンにバター10gを溶かし、玉ねぎの半量を入れて炒め、aを半量入れて少し加熱する。③の鶏肉を1枚戻し、ソースをからめて器に盛る。もう1人分も同様に作る。

`洋` `菜` ハムと玉ねぎの さっぱりコールスロー

材料（2～3人分）

ハム：4枚	a ┌ レモン果汁：大さじ2
玉ねぎ：¼個	├ サラダ油：大さじ1½
キャベツ：¼個	├ 砂糖：大さじ½
塩：小さじ½	├ 塩：小さじ½
パセリ：1枝	└ 黒こしょう：適宜

作り方

① キャベツは千切りにして塩を振ってもみ、10分置く。出てきた水分をしっかり絞る。

② 玉ねぎはみじん切りにして水に10分さらし、水気をきってしっかり絞る。ハムは縦半分に切ってから5mm幅に切る。パセリはみじん切りにする。

③ ボウルにaを混ぜ合わせ、①、②を加えて和える。

`洋` `汁` 炒めじゃがいもの コンソメスープ

材料（2人分）

じゃがいも：100g	水：400cc
ソーセージ：2本	コンソメ（顆粒）：大さじ½
オリーブ油：小さじ1	塩：小さじ½

作り方

① じゃがいもは皮をむいて1cm角に切る。ソーセージは5mm厚さの輪切りにする。

② 鍋を熱してオリーブ油をひき、じゃがいもを入れて中強火でたまに混ぜながら炒める。焼き目がついたらソーセージを加えて中火で炒める。

③ ソーセージにも少し焼き目がついたら水、コンソメを加えて中弱火で一煮する。塩で味をととのえる。

ワインに合う 秋のおつまみ3品

鯛の和えカルパッチョ／牛すね肉の赤ワイン煮込み
トマトとナスの香草パン粉焼き 太一レシピ

AUTUMN 747

photo by TAICHI

WHITE WMM MOUNTAIN MORNING
24/9.65"
Ⓩ181450

TAICHI's comment

カルパッチョは玉ねぎの食感と
パプリカの風味が絶妙なバランス。
赤ワイン煮込みは肉と野菜の
旨味がしっかり出ていて美味しい！
香草パン粉焼きはにんにくの香ばしさが
白ワインと好相性で、前菜にオススメ。

伊肴 鯛の和えカルパッチョ 🍷白ワインによく合う！

材料（2人分）

鯛（刺身用）：200g
赤パプリカ：20g
玉ねぎ：10g
パセリ、ケッパー：各3g
アンチョビ：1枚（2g）

a ┃ オリーブ油：大さじ2
　┃ 白ワインビネガー：
　┃ 大さじ1
　┃ 塩：小さじ⅓

スプラウト、オリーブ油、黒
こしょう：各適宜

作り方

① 鯛は5mm厚さのそぎ切りにする。赤パプリカ、玉ね
ぎ、パセリ、ケッパー、アンチョビはみじん切りにする。

② ボウルにaを混ぜ合わせ、①を加えて和える。

③ 器にセルクルをのせ、②を詰める。セルクルをはず
し、スプラウトをのせる。オリーブ油を回しかけ、
黒こしょうを振る。

仏肴 牛すね肉の赤ワイン煮込み 🍷赤ワインによく合う！

材料（4人分）

牛すね肉：750g
赤ワイン：750cc
玉ねぎ：1個（250g）
セロリ：1本（100g）
にんじん：1本（150g）
にんにく：2片
塩：小さじ2
黒こしょう：適宜
オリーブ油：大さじ1
バター：20g

a｜水：600cc
　｜ローリエ：2枚
　｜セロリの葉：適宜

b｜バター、薄力粉：各10g

はちみつ：小さじ2

SHIMPEI'S POINT　赤ワイン煮込みはワインでマリネした肉を煮込むという工程が一般的だが、マリネせずに焼きつけてから煮込むことで時間短縮になる。

作り方

① 牛すね肉は2cm厚さに切って塩小さじ1、黒こしょうを振って下味をつける。玉ねぎ、セロリ、にんじんはざく切りにする。にんにくは4等分に切る。

② 鍋を熱してオリーブ油をひき、牛肉を入れて強火で焼きつける。両面に焼き目がついたら取り出す。鍋に赤ワイン100ccを入れて焦げ目をこそぐ。牛肉を戻し、残りの赤ワイン、aを加えて強火にかける。

③ フライパンを熱してバターを溶かし、①の野菜を入れて中強火で炒める。玉ねぎが透き通って甘い香りがしてきたら、②の鍋に加える。

④ 沸いてきたらアクを取り、少しずらして蓋をして弱火で1時間半煮る。

⑤ bを混ぜ合わせる。

⑥ 牛肉がしっかりやわらかくなったら、牛肉、野菜を取り出して煮汁を火にかけ、塩小さじ1、はちみつ、⑤を加える。牛肉を戻してとろみがつくまで中強火で4分程煮詰める。

洋肴 トマトとナスの香草パン粉焼き 🍷白ワインによく合う！

材料（2人分）

フルーツトマト：2個
ナス：1本
a｜にんにく
　｜（みじん切り）：½片分
　｜イタリアンパセリ
　｜（みじん切り）：大さじ2
　｜パン粉：大さじ4

塩、オリーブ油：各適宜
黒こしょう：適宜

TAICHI'S POINT　オーブンでトマトとナスを焼く時は、トマトに火が通りすぎないよう先に取り出す。

作り方

① ボウルにaを混ぜ合わせる。

② フルーツトマトは横半分に切る。ナスは1.5cm厚さの輪切りにする。天板にクッキングシートを敷き、野菜を並べて塩を振り、オリーブ油を回しかける。野菜の上に①をのせる。

③ 200℃に予熱したオーブンで15分程焼く。10分程で一度様子をみて、トマトが焼けたら先に取り出しておく。ナスはさらに5分程焼く。器に盛って好みで黒こしょうを振る。

AUTUMN
748

タレカツ丼
のっぺ

第18弾
新潟県編

47
都道府県
ご当地
ごはん

photo by TAICHI

和飯 タレカツ丼

材料（2人分）

豚ロース肉（とんかつ用）：
3枚（400g）
塩：小さじ⅓
白こしょう：適宜
a | 薄力粉：大さじ4
　 | 卵：2個
パン粉（細かめ）、揚げ油：
各適宜

【たれ】
水：150cc
かつお節：5g
b | しょうゆ：120cc
　 | みりん：50cc
　 | 酒：大さじ2
　 | 砂糖：大さじ1½

温かいごはん：2人分

★タレカツ丼とは？
新潟県のソウルフード。しょうゆをベースにだしと合わせたたれが特徴。

作り方

① たれを作る。鍋に水を入れて火にかけ、沸騰したらかつお節を加えて弱火で2〜3分煮出す。火を止めてそのまま置く。かつお節が沈んだら網じゃくしでこして、濃いめのだしを取る。

② ①の100ccを小鍋に入れ、bを加えて中強火にかける。たまに混ぜながら⅔量程になるまで煮詰める。バットに移す。

③ 豚ロース肉は半分に切り、肉たたきでたたいて塩、白こしょうを振る。よく混ぜたaにからめてからパン粉をまぶす。

④ 揚げ油を180℃に熱し、③を中火で揚げる。衣がかたまってきたら、たまに返しながらきつね色に揚げる。②とは別のバットに取り出して油をきる。

⑤ 器にごはんを盛って、④を②のたれにからめてからのせる。

SHIMPEI'S POINT 豚肉はたたいて薄くすることでやわらかくなり、たれがからみやすくなる。

和菜 のっぺ

材料（4人分）

干ししいたけ：20g
里芋：150g
れんこん：200g
こんにゃく：130g
にんじん：1本
かまぼこ：70g
砂糖：大さじ½
かつおだし：300cc

a | 酒、みりん、
　 | 薄口しょうゆ：
　 | 各大さじ2
　 | 砂糖：大さじ½
　 | 塩：小さじ1
イクラ：適宜
ぬるま湯：100cc

★のっぺとは？
新潟県を代表する郷土料理。正月や冠婚葬祭等でよく作られている煮物。

作り方

① 干ししいたけはぬるま湯に15分浸す。やわらかくなったら石づきを取り、4等分に切る。戻し汁はとっておく。

② 里芋は皮をむいて縦半分または4等分に切ってから横1cm厚さに切る。鍋に水と里芋を入れて強火にかけ、沸いてきたらザルに上げて流水でよく洗う。水気をきる。

③ れんこんは皮をむき、縦6等分に切ってから横1cm厚さに切り、水に3分さらす。こんにゃくは1cm厚さの拍子木切りにしてボウルに入れ、砂糖を加えてもみ、水分が出てきたら流水で洗って水気をきる。

④ にんじんは皮をむき、5mm厚さのいちょう切りにする。かまぼこは縦半分に切ってから横1cm厚さに切る。

⑤ 鍋にかつおだし、干ししいたけの戻し汁を加え、戻した干ししいたけ、水気をきったれんこん、こんにゃく、にんじんを加えて強火にかける。沸いてきたら蓋をして中火でたまに混ぜながら5分煮る。aを加えて混ぜ、10分煮る。

⑥ ②、かまぼこを加えて蓋をして5分程煮る。里芋に竹串がスッと通ったら、器に盛って、イクラをのせる。

キンパ
辛旨ユッケジャン

AUTUMN 749

TAICHI's comment

キンパは異なる具材の味が
ごま油で上手くまとめられていて、
箸がどんどん進みます。
ユッケジャンはお店のような本格的な味!
辛さと旨味のバランスが絶妙で美味しいです。

photo by TAICHI

キンパ

材料（2～3人分）

ほうれん草：1束

a｜ごま油、薄口しょうゆ、
　｜すし酢：各小さじ1

にんじん：¼本（50g）

ごま油：小さじ2

塩：適宜

牛肩ロース肉（しゃぶしゃ
ぶ用）：180g

b｜しょうゆ：大さじ2
　｜みりん：大さじ1
　｜砂糖：大さじ½

温かいごはん：300g

c｜白炒りごま、ごま油：
　｜各大さじ1
　｜塩：小さじ⅕

焼き海苔：2枚

★キンパとは？
ごま油で味つけしたごはんや具材を海苔で巻いた、韓国風海苔巻き。韓国
では屋台や家庭料理として手軽に食べられている。

SHIMPEI'S POINT

*1 牛肉は水分が無くなるまで炒めること
で海苔で巻いた時にベチャッとならな
い。水分を飛ばしすぎてしまうと牛肉か
ら脂が出て、パサついたり脂臭くなって
しまうので注意が必要。

*2 時間を置いて切ると、海苔の重なり部分
がなじんで断面が美しく仕上がる。

作り方

① ほうれん草は塩少々を加えた熱湯で茎から10秒茹
で、全体を入れて10秒茹でる。冷水にとって冷まし、
水気をしっかり絞って5cm長さに切る。ボウルに入
れ、aを加えて和える。

② にんじんは皮をむいて千切りにする。フライパンを
熱してごま油をひき、にんじんを入れて塩2つまみ
を振り、強火で炒める。少ししんなりしたら取り出す。

③ 牛肩ロース肉は細切りにする。フライパンを熱し、牛
肉を入れて強火で炒め、肉の色が変わったら、混ぜ合
わせたbを加えて汁気を飛ばすように強火で炒める。*1

④ ①とは別のボウルにごはんを入れ、cを加えてサッ
クリと混ぜる。

⑤ 1枚の焼き海苔を巻きすにのせ、半量の④を広げる。
①、②、③を半量ずつのせ、手前からぐるっと巻く。
巻き終わったらそのまま少し置いて、なじんだら水
で少し濡らした包丁で食べやすい大きさに切る。*2

辛旨ユッケジャン

材料（2～3人分）

牛肩ロース肉（焼き肉用）：
150g

ぜんまい（水煮）：60g

しいたけ：2個

ニラ：⅓束

豆もやし：1袋（250g）

卵：2個

水：800cc

牛肉ダシダ（韓国のだし）：
小さじ2

a｜コチュジャン：
　｜大さじ2½
　｜しょうゆ：大さじ2
　｜みりん、
　｜韓国産唐辛子（粉）：
　｜各大さじ1

作り方

① 牛肩ロース肉は繊維に沿って細切りにする。ぜんま
いは水気をきって5cm長さに切る。しいたけは縦
薄切りにする。ニラは5cm長さに切る。鍋に湯を
沸かし、豆もやしをサッと下茹でする。ザルに上げ
て水気をきる。卵は溶いておく。

② 鍋に水を入れ、沸騰したら牛肉ダシダを加える。牛
肉を加え、再び沸いてきたらアクを取り、少しずら
して蓋をして弱火で10分煮る。aを加えて混ぜ合わ
せる。

③ 豆もやし、ぜんまい、しいたけを加え、蓋をして中
火で5分煮る。

④ ニラを加えて一煮し、溶き卵を菜箸に伝わらせなが
ら流し入れ、弱火で少し加熱して火を止める。

AUTUMN
750

塩ビーフのせスパイスカレー

カブと玉ねぎのアチャール

TAICHI's comment

カレーは塩ビーフの存在感がすごい！
カレーソースと合わせると、
旨味がより際立って贅沢な味ですね。
アチャールは香りが良く爽やかで、
箸休めに最高です。

photo by TAICHI

印 飯 塩ビーフのせスパイスカレー

材料（2～3人分）

【塩ビーフ】

牛肩ロース肉（ステーキ用）：300g

塩：適宜

黒こしょう：適宜

オリーブ油：大さじ1

a ┌ 水：400cc

　├ 酒：50cc

　├ にんにく

　│ （半分に切る）：1片

　└ クローブ：6個

【カレーソース】

牛切り落とし肉：200g

玉ねぎ：½個

にんにく、しょうが：各1片

オリーブ油：大さじ1

クミン（ホール）：小さじ1

チリパウダー、

コリアンダーパウダー：

各小さじ1

水：400cc

カレールウ：75g

塩、黒こしょう：各適宜

酢：大さじ1

温かいごはん：2～3人分

SHIMPEI'S POINT 牛肩ロース肉はじっくり煮込むことでほろっとした食感になり、塩味をしっかりとつけることで肉の旨味が引き立つ。

作り方

① 塩ビーフを作る。牛肩ロース肉は6cm角に切って、塩小さじ⅓、黒こしょうを振る。鍋を熱してオリーブ油をひき、牛肉を入れて強火で焼く。両面に焼き目がついたらaを加える。沸いてきたらアクを取り除き、蓋をして弱火で30分煮る。塩小さじ½を加えてさらに中火で10分煮る。

② カレーソースを作る。玉ねぎ、にんにく、しょうがはみじん切りにする。牛切り落とし肉は塩小さじ⅓、黒こしょうを振ってもみ込む。

③ 鍋を熱してオリーブ油をひき、クミンを炒める。香りが出てきたら玉ねぎ、にんにく、しょうがを入れて中火で炒める。玉ねぎがしんなりしたら牛肉を入れてほぐしながら炒める。色が変わったらチリパウダー、コリアンダーパウダーを加えて炒める。

④ 全体がなじんだら水を加え、沸いてきたらカレールウを溶き混ぜて一煮する。とろみがついたら塩小さじ½、酢を加えて味をととのえる。

⑤ 器にごはんを盛って④をかけ、①をのせ、①の煮汁を少しかける。

印 菜 カブと玉ねぎのアチャール

材料（2～3人分）

カブ：2個（250g）

玉ねぎ：¼個（70g）

塩：小さじ½

オリーブ油：大さじ1

クミン（ホール）：小さじ1

a ┌ 酢：大さじ3

　├ 砂糖：大さじ1

　└ 塩：小さじ½

★アチャールとは？

インドをはじめ、南アジアの食卓に欠かせない漬物。香辛料や酢等で作られる、インド版ピクルス。

作り方

① カブは皮をむいて縦薄切りにする。玉ねぎは縦薄切りにしてカブと一緒にボウルに入れ、塩を加えてもみ、15分程置く。出てきた水分をしっかり絞る。

② 小さめのフライパンにオリーブ油とクミンを入れて中火にかける。チリチリしてきたら火を止めて①のボウルに移し、aを加えて混ぜ合わせる。

③ ②に①を加えて和える。冷蔵庫で冷やす。

AUTUMN
751

明太みそもつ鍋／シメの明太みそラーメン
酢牛タン

TAICHI's
comment

明太みそもつ鍋は明太子が入ることで、
旨味や辛味をより感じられます。
シメのラーメンにも、プチプチした
明太子の食感が合わさって最高！
酢牛タンはしっかりとした歯応えで、
シンプルな味つけが美味しいです。

photo by TAICHI

和 鍋 明太みそもつ鍋

材料（3〜4人分）

白もつ：300g
明太子：大1腹（100g）
キャベツ：¼個（400g）
ニラ：1束
にんにく：3片
かつおだし：700cc
赤唐辛子：2本

a｜白みそ：大さじ4
　｜酒、みりん、しょうゆ：
　｜各大さじ2
　｜鶏がらスープの素
　｜（半練り）：大さじ1

POINT スープは濃いめに調整することで、もつに味がよくからみ、臭みを抑えることができる。

作り方

① キャベツは5cm角のざく切りにし、ニラは6〜7cm長さに切る。にんにくは横薄切りにする。

② 鍋にかつおだしを入れて強火で沸かし、aを加えて混ぜる。再びフツフツしてきたら白もつ、キャベツ、ちぎって種を取った赤唐辛子を加えて中火で5分煮る。

③ もつに火が通って少しキャベツがしんなりしたら、ニラ、にんにく、明太子をのせて一煮する。明太子をほぐしながら食べる。

和 麺 シメの明太みそラーメン

材料

残った明太みそもつ鍋のスープ：適宜
中華麺（鍋用）：1玉
酢、黒こしょう：各適宜

作り方

① 残った明太みそもつ鍋のスープに中華麺を加えて、袋の表示時間通りに茹でる。

② 酢、黒こしょうを加える。

和 肉 酢牛タン

材料（2人分）

牛タン：150g
酒：適宜
塩：小さじ⅓
黒こしょう：適宜

【たれ】
長ねぎ：⅓本（30g）
にんにく、しょうが：各1片
酢：大さじ2
ごま油：大さじ½

作り方

① 鍋に湯を沸かして酒を加え、牛タンを色が変わるまでサッと茹で、ザルに上げて水気をきる。キッチンペーパーで水分を拭き取る。1cm幅に切ってボウルに入れ、塩、黒こしょうを加えてよく混ぜる。

② たれを作る。長ねぎ、にんにく、しょうがはみじん切りにする。①とは別のボウルに入れ、酢、ごま油を加えてよく混ぜ合わせる。

③ 器に①を盛って②をかける。

大根の黒酢漬け
薄れんこんのはさみ焼き
ごぼうとベーコンのパリパリ焼き

AUTUMN
752

TAICHI's
comment

大根の黒酢漬けは程良い酸味が最高！
薄れんこんのはさみ焼きはしその香りと
食感がおつまみにいいですね。
パリパリ焼きはごぼうの食感と
ベーコンの塩味が生かされた
新感覚の料理です。

photo by TAICHI

和肴 大根の黒酢漬け ① ハイボールによく合う!

材料（作りやすい分量）

	a	砂糖：大さじ2
大根：12cm（約500g）		しょうゆ、黒酢：
にんにく：½片		各100cc
塩：小さじ½		みりん：小さじ2
		赤唐辛子
		（種を取り除く）：1本

作り方

① 大根は皮をむき、薄いいちょう切りにしてボウルに入れ、塩を振ってもみ、15〜20分置く。出てきた水分を絞り、キッチンペーパーで拭き取る。にんにくは縦半分に切る。

② 密閉容器にaを入れて混ぜ合わせ、①を加えて冷蔵庫で1時間以上漬け込む。

和肴 薄れんこんのはさみ焼き

① レモンサワーによく合う!

材料（2〜3人分）

	a	白炒りごま：大さじ1
れんこん：100g		薄力粉：小さじ½
青じそ：10枚		塩：小さじ⅓
長ねぎ：10cm		
鶏ももひき肉：300g	片栗粉：適宜	
	ごま油：大さじ2	

作り方

① れんこんは皮をむいて薄い輪切りにし、水に3分さらす。キッチンペーパーで水気を拭く。

② 青じそ、長ねぎはみじん切りにしてボウルに入れ、鶏ももひき肉、aを加えてよく混ぜ合わせる。

③ ②を大さじ1くらい取り、①のれんこん2枚ではさむ。片栗粉を全面にまぶす。

④ フライパンを熱してごま油をひき、③を並べて中火でじっくり焼く。焼き目がついたら裏返して両面を焼く。

SHIMPEI'S POINT れんこんはできるだけ薄く切ることで、タネとなじんで一体感のある、食感が楽しいおつまみに仕上がる。

洋肴 ごぼうとベーコンのパリパリ焼き ① ハイボールによく合う!

材料（2〜3人分）

ごぼう：100g	オリーブ油：大さじ3
長ねぎ：8cm	塩：適宜
ベーコン：2枚（50g）	粉チーズ、タバスコ：各適宜
天ぷら粉：大さじ3	
水：大さじ1	

作り方

① ごぼうは皮をむいて長さを半分に切り、ピーラーで縦薄切りにする。ピーラーで切りにくくなった残りは縦細切りにする。*1 5分程水にさらす。ザルに上げてしっかり水気をきり、キッチンペーパーで軽く水分を拭き取る。長ねぎは縦細切りにする。ベーコンは細切りにする。

② ボウルに①を入れて軽く混ぜ合わせてから、天ぷら粉、水を加えて和える。

③ フライパンにオリーブ油をひき、②を薄く広げてから火にかけ、*2 中強火でたまに押さえながらじっくりと揚げ焼きにする。カリッとしてきたら裏返して両面を焼く。

④ 器に盛って塩、粉チーズを振る。好みでタバスコをかける。

SHIMPEI'S POINT

*1 ごぼうやれんこんは水に浸けすぎると香りまで抜けてしまうので、注意が必要。

*2 ごぼうはじっくりと揚げ焼きにすることで、サクサクとしたかき揚げのような食感に仕上がる。

FIFAワールドカップ 対戦国の料理を食べよう

AUTUMN 753

タコのガリシア風（スペイン）
アロス・コン・ポジョ（コスタリカ）／ジャーマンポテト（ドイツ）

TAICHI's comment

タコのガリシア風は、
シンプルな味つけで白ワインに合います。
アロス・コン・ポジョは鶏肉の旨味が
しっかり出ていて、優しい味ですね。
ジャーマンポテトはカリカリホクホク！
焼き目や火通りにこだわって
丁寧に作ると、
美味しく仕上がります。

photo by TAICHI

西 魚 タコのガリシア風

材料（2人分）

茹でタコ：200 g
塩：小さじ⅛

オリーブ油、
パプリカパウダー、
パセリ（みじん切り）：各適宜
レモン（くし形切り）：適宜

作り方

① 茹でタコは沸騰させた蒸し器で4分程温める。食べやすくそぎ切りにする。

② 器に①を盛って塩を振る。オリーブ油を回しかけ、パプリカパウダー、パセリを振る。レモンを添える。

★タコのガリシア風とは？
スペイン・ガリシア州名物のタパス料理。本場ガリシア州ではお祭りで食べていたことから、"祭りダコ"と呼ばれている。

SHIMPEI's POINT　茹でタコは、蒸すことで旨味を逃さず美味しく仕上がる。

洋飯 アロス・コン・ポジョ

材料（2〜3人分）

米：2合
鶏もも肉（骨つき）：2本
塩：小さじ⅔
黒こしょう：適宜
a サフラン：1つまみ
　 水：小さじ1
赤パプリカ：½個（70g）
ズッキーニ：½本
玉ねぎ：¼個（50g）
にんにく：1片
香菜：1枝（15g）

b 水：180cc
　 黒ビール：150cc
　 コンソメ（顆粒）：
　 大さじ1½
　 塩：小さじ⅔
　 クミンパウダー：
　 小さじ½
オリーブ油：大さじ1

★アロス・コン・ポジョとは？
"アロス＝米、コン＝〜と（with）、ポジョ＝鶏肉"という意味で、スペイン語で「鶏飯」のこと。コスタリカでは特別な日に食べられる、鶏を丸ごと1羽使った炊き込みごはん。中南米でも多くの人に愛されている。

SHIMPEI's POINT 鍋底についた肉の焦げつきの旨味もこそいで使うことで、美味しく仕上がる。

作り方

① 米は洗ってザルに上げて水気をきる。aを合わせておく。鶏もも肉は塩、黒こしょうを振る。

② 赤パプリカは粗みじん切り、ズッキーニは5mm角に切り、玉ねぎ、にんにく、香菜はみじん切りにする。

③ パエリア鍋またはフライパンを熱してオリーブ油をひき、鶏肉を皮目を下にして入れて中強火で焼く。しっかり焼き目がついたら返してサッと焼いて取り出す。

④ 火を止めて鍋の底をこそぎ、再び中強火にかけ、にんにくを入れて炒める。香りが出てきたら赤パプリカ、ズッキーニ、玉ねぎを加えて炒める。玉ねぎが透き通ってきたら米、香菜を加えて炒める。

⑤ 米に油が回ったらa、bを加えて混ぜ、③の鶏肉を肉から出た脂ごとのせて蓋をする。強火にかけて、沸いてきたら弱火にして10分程炊く。火を止めて5分程蒸らす。

⑥ 鶏肉の骨をはずし、全体をサックリと混ぜて食べる。

洋菜 ジャーマンポテト　ビールによく合う！

材料（2〜3人分）

じゃがいも：4個（400g）
ベーコン：4枚（70g）
オリーブ油：大さじ1
塩：小さじ⅓
黒こしょう：適宜

SHIMPEI's POINT
*1 じゃがいもは、焼き目をつけて程良く火を通してから塩、こしょうでコーティングすることで美味しく仕上がる。

*2 ベーコンから出た脂をじゃがいも全体にしっかりからませることで、旨味がなじんで美味しく仕上がる。

作り方

① じゃがいもは芽を取り、皮つきのまま4〜6等分に切る。ベーコンは5〜6cm幅に切る。

② フライパンにオリーブ油をひき、じゃがいもを断面を下にして入れ、中弱火でじっくり焼く。焼き目がついたらもう片方の断面を下にしてじっくり焼く。*1

③ 断面に焼き目がついたら、皮の面を下にして、フライパンの空いているところにベーコンを加えてじっくり焼く。ベーコンがカリッとしてきたら再びじゃがいもの断面を下にし、塩、黒こしょうを振ってベーコンの旨味をなじませるように炒め合わせる。*2

AUTUMN 754

カリフラワーのバルサミコ酢サラダ
豚肉のバルサミコ酢煮
バルサミコ酢焼きそば

男のロマン
シリーズ！
第29弾
「バルサミコ酢」

TAICHI's comment

バルサミコ酢サラダは
優しい酸味で食べやすいです。
豚肉のバルサミコ酢煮は
濃厚で新しい味ですね。
焼きそばはバルサミコ酢の
旨味がしっかりと出ていて美味しい！

photo by TAICHI

洋菜 カリフラワーのバルサミコ酢サラダ

材料（2～3人分）

カリフラワー：
1個（400ｇ）

ベーコン：2枚（30ｇ）

a｜バルサミコ酢：大さじ3
　｜オリーブ油：大さじ1
　｜砂糖：小さじ2
　｜塩：小さじ1

塩：少々

★バルサミコ酢とは？
ぶどう果汁を煮詰めて、木の樽で長時間熟成させて作られたもの。そのままでも、火にかけても使える万能調味料。

作り方

① カリフラワーは小房に切り分ける。鍋に湯を沸かして塩を加え、カリフラワーを40秒程茹でる。ザルに上げて流水で洗って水気をきり、キッチンペーパーで水気をしっかり拭く。

② ベーコンは細かく刻む。フライパンにベーコンを入れて中火にかけ、カリカリになるまで炒める。

③ ボウルにaを混ぜ合わせ、①、②を加えて和える。

`洋 肉` 豚肉のバルサミコ酢煮

材料（2〜3人分）

豚肩ロースかたまり肉：
400g
片栗粉：大さじ½
しめじ：1パック（200g）
にんにく：1片

a ┌ バルサミコ酢：200cc
  │ 砂糖：大さじ1½
  └ ローリエ：2枚
オリーブ油：大さじ1
塩：小さじ1
黒こしょう：適宜

SHIMPEI's POINT
バルサミコ酢を煮込むと濃縮されコクが出てトロッとし、さらに豚肉の旨味も加わることで美味しいスープに仕上がる。

作り方

① 豚肩ロースかたまり肉は2cm厚さに切り、塩小さじ½、黒こしょうを振って片栗粉をまぶす。しめじは石づきを落として小房に分ける。にんにくは縦半分に切る。

② 鍋を熱してオリーブ油をひき、豚肉を加えて強火で焼く。肉の両面に焼き目がついたら煮込み用の鍋に移し、にんにく、aを加えて少し蓋をずらして強火にかけ、沸いてきたらアクを取り、再び少しずらして蓋をして中弱火で15分煮る。

③ しめじ、塩小さじ½を加えて蓋をしてさらに5分煮る。しめじがしんなりしたらできあがり。

`和 麺` バルサミコ酢焼きそば

材料（2人分）

バルサミコ酢：大さじ5
a ┌ オイスターソース、
  │ しょうゆ：各大さじ1
  └ 砂糖：小さじ1
焼きそば用麺：2玉
豚こま切れ肉：150g
塩：小さじ¼
黒こしょう：適宜

ニラ：½束
にんにく：1片
もやし：½袋（100g）
サラダ油：大さじ1
鶏がらスープの素（半練り）：
小さじ1

SHIMPEI's POINT

*1 煮詰めて水分を飛ばすことで、ベチャッとした食感の焼きそばになるのを防ぐ。

*2 淡い味にならないように、鶏がらスープの素でしっかりと味をつけておく。

作り方

① 小鍋にバルサミコ酢、aを入れて中強火にかけ、半量になるまで煮詰める。

② 焼きそば用麺は袋ごと600Wの電子レンジで2分加熱する。

③ 豚こま切れ肉は塩、黒こしょうを振る。ニラは5cm長さに切り、にんにくは縦薄切りにする。

④ フライパンを熱してサラダ油をひき、豚肉、にんにくを加えて強火で炒める。肉の色が変わったらもやし、ニラを加えて炒め、②を加えてほぐしながら炒める。鶏がらスープの素、①を加えて炒め合わせる。

裏 男子ごはん DANSHI GOHAN

TALK 傑作選 TIME vol.3

俺たちの明太子作り

今回は基本の明太子に加え、アレンジたらこ作りにも挑戦。
想像以上の仕上がりに、大満足の2人でした。

● 明太子とは

スケトウダラの卵巣を塩漬けにして、唐辛子等を使った
調味液で味つけしたもの。

材料

たらこ：1腹（150ｇ）／韓国産唐辛子（粉）：大さじ1

【基本のだし】
昆布（5×5cm）：1枚／かつお節（ソフトパック）：5ｇ
酒：200cc ／みりん：大さじ3 ／しょうゆ：小さじ1 ／砂糖：小さじ½

心平「明太子っていいですね。そそられますね」
太一「みんなが好きだよね！」

作り方

① 基本のだしを作る。小鍋に酒、みりん、昆布を入れ、中火にかける。昆布は煮立ち直前に取り出し、⅓量になるまで煮詰める。かつお節を加え、弱火で2分程煮る。火を止めて5分程置く。

② ボウルにザルを重ね、その上にキッチンペーパーを敷いて①をこす。

③ ②に砂糖、しょうゆを加えたら、基本のだしが完成。これに、韓国産唐辛子を加えてよく混ぜ合わせる。

④ 保存容器に③とたらこを入れ、冷蔵庫で二晩以上置く。

アレンジたらこ

基本のだしに、韓国産唐辛子（粉）の代わりに下記を加えて調味液を作る。
保存容器に調味液とたらこを入れて、冷蔵庫で二晩以上置く。

ごま油味→　ごま油：大さじ1
にんにく味→　にんにく（すりおろし）：大さじ½
わさび味→　わさび：大さじ1
ゆずこしょう味→　ゆずこしょう：大さじ1

実食

まずは基本の明太子を味見。
「なんでこんなに美味しいの!?」（太一）
「たらこの旨味にだしの風味が加わって、旨味が倍増していますね」（心平）と2人とも大絶賛。

続いてアレンジたらこ4種を試食。
「ごま油味は韓国海苔と絶対合うよね！ 売ってたら買っちゃう！」（太一）
「ごはんのお供に、瓶詰めで売っててほしいですね」（心平）
「にんにく味はクラッカーやクリームチーズと合いそう」（太一）
味の想像がつかなかったわさび味も
「こんなにうまく味がまとまるとは！」（太一）と驚きの仕上がりに。
どれも大満足でしたが、2人の一番のお気に入りはゆずこしょう味。
「これは間違いない組み合わせ。絶対に美味しいですね」（心平）

今回作った基本の明太子は、明太みそもつ鍋にも使用して美味しくいただきました。
→P.82へ

男子ごはんの冬。
WINTER

2022.12.04OA

WINTER
755

ガッツリ食べられる和定食

みそだれステーキ／玉ねぎのだし煮
炊き込みにんにくごはん／しいたけと油揚げのみそ汁

TAICHI's comment

ステーキはみそだれが牛肉の脂と合わさって、
まろやかな味になっています。
玉ねぎのだし煮はステーキと一緒に焼くことで、
より旨味を感じられる仕上がりに。
炊き込みごはんはパンチがあって、
ステーキと相性抜群！
みそ汁はしいたけの食感がいいですね。

photo by TAICHI

和汁 **しいたけと油揚げのみそ汁**

材料（2人分）

しいたけ：大2個（約60ｇ）　かつおだし：500cc
油揚げ：1枚　　　　　　　みそ：大さじ2

SHIMPEI's POINT
みそを溶く際は、沸騰させながらでは香りが
飛んでしまい、火を完全に止めるとぬるく
なってしまうため、とろ火～弱火に調整する
と美味しく仕上がる。

作り方

① しいたけは石づきを落として縦1cm厚さに切る。油
揚げは縦半分に切って横2cm幅に切る。

② 鍋にかつおだしを入れて強火にかけ、沸いてきたら
①を入れて一煮する。しいたけに火が通ったら少し
火を弱めてみそを溶き入れる。

和 肉 みそだれステーキ

材料（2人分）

牛ステーキ肉： 2枚（400〜500ｇ） 塩：小さじ⅔ 黒こしょう：適宜 にんにく：1片	a みそ：大さじ2 　酒、みりん：各大さじ1 　しょうゆ：大さじ½ 　砂糖：小さじ1 サラダ油：大さじ1 青ねぎ（小口切り）：4本分

作り方

① 小鍋にaを混ぜ合わせて、中弱火で少し煮詰める。

② [*1] 牛ステーキ肉は塩、黒こしょうを振る。にんにくは薄切りにする。

③ フライパンにサラダ油をひき、にんにくを加えて弱火で加熱する。カリカリのきつね色になったら火を止めて、にんにくを取り出す。

④ [*2] ③のフライパンを再び熱し、牛肉を入れて強火で両面をこんがりと焼く（牛肉が2枚入らなければ1枚ずつ焼く）。途中、玉ねぎのだし煮の②の玉ねぎを加えて一緒に両面を焼きつける。焼き上がった牛肉を取り出し、食べやすく切る。

⑤ 器に④の牛肉を盛って青ねぎ、③を砕きながら散らす。①を添える。

SHIMPEI'S POINT

*1 ステーキは、たれをつけずに食べる場合、肉（250ｇ以上）に塩小さじ⅓を振っておくのがオススメ。

*2 調理する肉の厚さを考慮し、仕上がりの状態を想像しながら焼くことが重要。

和 菜 玉ねぎのだし煮

材料（2人分）

玉ねぎ：小2個（240ｇ）	黒こしょう：適宜

a だし汁：200cc
　薄口しょうゆ、
　みりん、酒：各大さじ1
　塩：小さじ½

作り方

① 玉ねぎは皮をむいて横半分に切る。

② 小鍋にaを合わせて煮立て、①を入れて中強火で15分煮る。

③ みそだれステーキの④のフライパンの空いたところに加えて強火で両面を焼く。器に盛って黒こしょうを振る。

和 飯 炊き込みにんにくごはん

材料（2〜3人分）

米：2合 にんにく：2片 サラダ油：大さじ1½ 麺つゆ（3倍濃縮）： 大さじ2½	塩：小さじ½ 水：360cc かつお節（ソフトパック）、 黒炒りごま：各適宜

作り方

① 米は洗ってザルに上げ、水気をきる。にんにくはみじん切りにする。

② フライパンを熱してサラダ油をひき、にんにくを中火で炒める。にんにくがきつね色になったら米を加えて炒める。米に油が回ったら麺つゆ、塩を加えてザッと炒める。

③ ②を炊飯器に入れ、水を加えて普通に炊く。

④ 炊き上がったらサックリと混ぜ、器に盛り、かつお節、黒炒りごまを振る。

SHIMPEI'S POINT

米は炒めるとヒビが入り、油でコーティングされて吸水しやすくなるので、水の前に麺つゆ、塩を加えて味を染み込ませることが重要。

WINTER
756

燗酒に合う 冬のおつまみ3品

しらたきとニラの黄身和え／焼き海苔と豚肉のパリパリ揚げ
お刺身のごま塩昆布和え

太一
レシピ

TAICHI's
comment

黄身和えは、黄身をまとったニラと
しっかり味のしらたきが
ちょうど良いバランスで最高！
パリパリ揚げは豚肉の旨味と
海苔の香りで燗酒が進みます。
お刺身のごま塩昆布和えは、
ごまの香ばしさと塩昆布の
塩味がポイントですね。

photo by TAICHI

和肴 しらたきとニラの黄身和え

 燗酒に よく合う!

材料(2人分)

しらたき:1袋(250g)
ニラ:½束
a ┌ ごま油:大さじ½
  │ 麺つゆ(3倍濃縮):
  │ 大さじ2
  └ 砂糖:大さじ½
麺つゆ(3倍濃縮):小さじ1
卵黄:1個
白炒りごま:適宜

SHIMPEI'S POINT
流水で冷やしたニラと炒めたしらたきを合わせることで、"ヒヤアツ"の温度差を楽しめる。

作り方

① しらたきは下茹でし、ザルに上げて水気をきる。鍋に戻して中強火で空炒りし、いったん取り出して4等分に切り、再び鍋に戻す。しらたきの表面の水分が飛んだらaを加えて炒め合わせる。

② ニラは耐熱ボウルに入れ、ラップをかけて600Wの電子レンジで1分半加熱する。流水で洗って水気を絞り、3cm長さに切って再びボウルに入れ、麺つゆを加えて和える。

③ 器に①を盛って②をのせる。中央に卵黄を落として白炒りごまを振る。

和肴 焼き海苔と豚肉のパリパリ揚げ

燗酒に よく合う!

材料(2人分)

豚肩ロース薄切り肉:150g
塩:小さじ⅓
黒こしょう:適宜
a ┌ 薄力粉:大さじ3
  │ 粉チーズ:大さじ1
  └ 水:大さじ2
板海苔:適宜
揚げ油、粉山椒、かぼす:各適宜

SHIMPEI'S POINT
粉チーズを混ぜることで薄力粉の粉っぽさがやわらぎ、さらに豚肉と海苔以外の風味がプラスされて味に深みが出る。

作り方

① 豚肩ロース薄切り肉は3等分に切って塩、黒こしょうを振る。

② ボウルにaを混ぜ合わせる。

③ 豚肉1切れの片面に②を小さじ1程度塗り、板海苔を1枚張りつける。

④ 揚げ油を180℃に熱し、③を入れて中強火で揚げる。カリッときつね色になってきたら油をきって取り出す。粉山椒を振って、切ったかぼすを添える。

和肴 お刺身のごま塩昆布和え

 太一 レシピ TAICHI'S RECIPE

燗酒に よく合う!

材料(2人分)

刺身(白身、赤身など):150g
かいわれ大根:½パック
塩昆布:大さじ1
しょうゆ:適宜
a ┌ ごま油:大さじ1
  │ 白炒りごま:大さじ½
  └ わさび、しょうゆ:各小さじ¼

TAICHI'S POINT
塩昆布は刻むことで全体に味がなじみ、旨味が生かされ美味しく仕上がる。

作り方

① 刺身は一口大に切る。かいわれ大根は根元を切り落として2cm幅に刻む。塩昆布は刻む。

② ①をボウルに入れ、aを加えてザッと和える。味をみて薄ければしょうゆでととのえる。

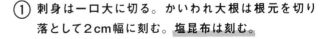

リースサラダ
一口チキンのフォンデュ＆バーニャカウダ
ライスボールドリア

TAICHI's comment

リースサラダは華やかで、
ソースも本格的！
フォンデュ＆バーニャカウダは、
たこ焼き器で作ると
ホームパーティーで楽しめますね。
ライスボールドリアは子どもから大人まで
みんなが好きな味。
たっぷりのチーズが最高！

photo by TAICHI

洋菜 リースサラダ

材料（3〜4人分）

ズッキーニ：¼本
ルッコラ（セルバチコ）：
1袋（40ｇ）

a
フルーツトマト：
　2個（80ｇ）
アンチョビ：1枚
サラダ油：大さじ2½
すし酢：大さじ2
塩：小さじ⅓
黒こしょう：適宜

ディル、チャービル：各適宜
フルーツトマト：2個（80ｇ）

b
バジル：1パック（12ｇ）
にんにく：⅓片
オリーブ油：大さじ3
白ワインビネガー：
　大さじ1½
砂糖：小さじ1
塩：小さじ⅓

作り方

① a、bをそれぞれフードプロセッサーまたはミキサーにかける。

② フルーツトマトは1cm角に切り、ズッキーニはピーラーで薄切りにする。

③ 器の縁にズッキーニ、ルッコラ、ディル、チャービル、フルーツトマトをリース状に美しく盛る。中央に①の2種類のソースを混ざらないよう静かに注ぎ入れる。

洋 肉 一口チキンの フォンデュ＆バーニャカウダ

材料（4人分）

鶏もも肉：1枚（350g）
塩：小さじ⅓
黒こしょう：適宜

茹でホタテ（小）：8～10個
じゃがいも：1個（150g）
バター：適宜

【バーニャカウダソース】
にんにく：1片
アンチョビ：2枚
オリーブ油：大さじ1
生クリーム：大さじ3
塩：1つまみ
黒こしょう：適宜

【チーズソース】
ピザ用チーズ：140g
生クリーム：大さじ6
片栗粉：小さじ2

作り方

① 鶏もも肉は3cm角に切って塩、黒こしょうを振る。茹でホタテも鶏肉と同じくらいの大きさに切る。じゃがいもは2cm角に切り、竹串がスッと通るまで茹でる。

② バーニャカウダソースを作る。にんにく、アンチョビはみじん切りにする。熱したフライパンにオリーブ油をひき、にんにくを加えて中火で炒める。にんにくが色づいてきたら中弱火にして、アンチョビ、生クリーム、塩、黒こしょうを加えて混ぜる。

③ チーズソースの全ての材料を混ぜ合わせる。

④ たこ焼き器を高温に熱し、皮目を下にした鶏肉、ホタテ、じゃがいもを穴に入れて焼く。ホタテ、じゃがいもにはバター少々をのせる。空いている穴に③を入れてチーズを溶かす。

⑤ 具材に焼き目がついたら、具材の半量は④のチーズソースに加えて少し焼きかためてから食べる。

⑥ 残りの半量にはバーニャカウダソースをかけて食べる。

 SHIMPEI'S POINT たこ焼き器に具を入れる際は、後からチーズを溶かす穴を空けておく。

洋 飯 ライスボールドリア

材料（3～4人分）

温かいごはん：400g
ソーセージ：4本
にんじん：50g
ピーマン：2個
塩：小さじ⅓
ピザ用チーズ：120g

【ホワイトソース】
バター：20g
薄力粉：大さじ2
生クリーム：200cc
牛乳：100cc
コンソメ（顆粒）、塩：
各小さじ½
黒こしょう：適宜

作り方

① ホワイトソースを作る。耐熱ボウルにバターを入れて、600Wの電子レンジで30秒加熱する。薄力粉を加えて泡立て器でよく混ぜ、粉っぽさが無くなったら生クリームを加えてダマが無くなるまでよく混ぜる。

② ラップをかけて600Wの電子レンジで2分加熱して取り出し、泡立て器でよく混ぜ合わせる。なめらかになったら牛乳を加えてよく混ぜる。再びラップをかけて600Wの電子レンジで1分半加熱する。コンソメ、塩、黒こしょうを加えてよく混ぜる。

③ ソーセージ、にんじん、ピーマンはみじん切りにして②とは別のボウルに入れ、ごはん、塩を加えて、しゃもじで切るようにサックリと混ぜる。

④ たこ焼き器を高温に熱し、③を穴に入れて軽く押さえながら焼く。ごはんが丸く焼きかたまったらスプーンで返す。②をかけ、ピザ用チーズを散らす。蓋をして加熱し、チーズが溶けたらできあがり。

 SHIMPEI'S POINT 一口チキンのフォンデュ＆バーニャカウダで使ったたこ焼き器を洗わずに使うと、鶏肉の脂等がからんで深みのある味に仕上がる。

WINTER
758

牛だしつけそば
鶏団子と揚げ餅のかけそば
とろろと豚ひきの辛混ぜそば

牛だしつけそばは牛肉の
旨味が出ていて美味しいです。
鶏団子と揚げ餅のかけそばは、
揚げ餅の香ばしさとゆずこしょうの
香りがいいですね！
辛混ぜそばは、全体の味と
とろろが絶妙なバランス。
パンチのある年越しそばですね。

photo by TAICHI

韓 麺 牛だしつけそば

材料（2～3人分）

更科そば（乾麺）：200g
牛切り落とし肉：100g
長ねぎ：8cm
黒こしょう：適宜

a ｜ 水：400cc
　｜ 酒：大さじ1
　｜ 牛肉ダシダ（韓国のだし）：
　｜ 小さじ2
　｜ しょうゆ：大さじ½
　｜ 塩：小さじ½

作り方

① 長ねぎは横半分に切ってから縦半分に切る。

② 鍋にaを合わせて強火にかける。沸いてきたら、牛切り落とし肉を1枚ずつ加える。①をはがしながら加えてサッと煮る。アクを取る。

③ 更科そばは袋の表示時間通りに茹でてザルに上げ、流水で洗って水気をきる。

④ ②を器に盛って黒こしょうを振り、③をザルに盛る。

和 麺 鶏団子と揚げ餅のかけそば

材料（2人分）

そば（乾麺）：200 g
鶏ひき肉：200 g
塩：小さじ⅓
薄力粉：小さじ1
長ねぎ：50 g
切り餅：2個

かつおだし：800cc
a　しょうゆ：大さじ4
　　みりん：大さじ1½
　　酒：大さじ1
　　砂糖：大さじ½
　　塩：小さじ½
揚げ油、ゆずこしょう：
各適宜

SHIMPEI'S POINT

つゆは甘めに調整することで、肉団子や揚げ餅から出る旨味に合う味に仕上がる。

作り方

① 鍋にかつおだしを入れ、沸いてきたらaを加える。

② ボウルに鶏ひき肉、塩、薄力粉を入れてよく混ぜ合わせる。6等分にし、団子状に丸めてから①に加える。アクを取りながら中火で5分煮る。

③ 長ねぎは2cm長さに切り、切り餅は半分に切る。180℃に熱した揚げ油に、長ねぎ、餅を入れて中火で揚げる。餅はきつね色になって膨らむまで揚げる。

④ そばは袋の表示時間通りに茹でる。ザルに上げて流水で軽く洗い、水気をきる。

⑤ 器に④を盛って②をかけ、③をのせる。小皿にゆずこしょうを入れて添える。

和 麺 とろろと豚ひきの辛混ぜそば

材料（2人分）

そば（乾麺）：200 g
豚ひき肉：150 g
長芋：80 g
玉ねぎ：20 g
ニラ：4～6本
にんにく、しょうが：各1片
ごま油：小さじ1

a　水：大さじ3
　　しょうゆ：大さじ2
　　韓国産唐辛子（粉）、
　　オイスターソース：
　　各大さじ½
　　みりん、紹興酒：
　　各小さじ2
　　鶏がらスープの素
　　（半練り）、片栗粉：
　　各小さじ1
　　砂糖：小さじ½

作り方

① 長芋は皮をむいてすりおろす。玉ねぎ、ニラ、にんにく、しょうがはみじん切りにする。
aは混ぜ合わせる。

② ピリ辛だれを作る。フライパンを熱してごま油をひき、豚ひき肉を入れてほぐしながら中強火で炒める。肉の色が変わったらにんにく、しょうがを加えて炒め、香りが出てきたら、aを加えて炒め合わせる。

③ そばは袋の表示時間通りに茹でてザルに上げ、流水で洗って水気をきる。

④ 器に③を盛って②、とろろの順にかけ、玉ねぎ、ニラをのせる。よく混ぜながら食べる。

WINTER
759

新春90分スペシャル
千代幻豚のしゃぶしゃぶ
クエ鍋／ノーポリタン

岡村さんレシピ OKAMURA'S RECIPE

GUEST ★ 岡村隆史

毎年恒例の"男子ごはん・新春スペシャル"。番組15周年を迎える今年は、かつてない究極の鍋作りに挑戦！ 太一は幻の魚、クエを求めて長崎県へ。心平は幻の豚肉を求めて長野県、さらには鹿児島県、福井県へと、最高の食材を探しに日本中を飛び回ります。ゲストに岡村隆史さんを迎えて和気あいあいとした空気感の中、番組15周年の門出にふさわしい「究極の鍋」で新年をスタート！

太一　「おつまみにいいですね！魚肉ソーセージを使うのが驚き！」

心平　「卵がのっているので、赤ワインに合わせるのもありですね！ビールやハイボールにも合いそうです」

岡村　「採点するなら…80点ですかね。高得点！ サッと作れますし、オススメです！」

ノーポリタン

ナポリタンをアレンジしたレシピを紹介してくださった岡村さん。
「この料理はいつ生まれたんですか？」（太一）
「ホンマのことを言いますとね、まだ生まれてません」（岡村）
以前ナポリタンを作った際に、具だけで食べても良さそうと思いついた料理だそう。
なんとこの日にスタジオで生まれた、新作メニューでした。

洋肴　ノーポリタン

岡村さん
レシピ
OKAMURA'S RECIPE

赤ワインに
よく合う！

材料（2人分）

魚肉ソーセージ：
2本（140g）
ピーマン：1個
玉ねぎ：½個
卵：1個

バター：10〜20g
a｜ケチャップ：大さじ3
　｜中濃ソース：大さじ1
サラダ油：適宜
塩、黒こしょう：各適宜
粉チーズ：適宜
パセリ：適宜

作り方

① 魚肉ソーセージは5mm幅の斜め切りにし、*1 ピーマンは細切り、玉ねぎは縦7mm幅に切る。パセリは刻む。

② フライパンを熱してサラダ油をひき、玉ねぎを中強火で炒める。

③ 玉ねぎがしんなりしたら魚肉ソーセージを加える。ソーセージに少し焼き色がついたら、ピーマン、塩、黒こしょうを加える。油が回ったらaを加えて炒め合わせる。火を止めてバターをからませる。*2

④ 別のフライパンにサラダ油をひき、目玉焼きを作る。

⑤ ③を器に盛って粉チーズを振り、④をのせる。パセリを振る。

OKAMURA'S POINT

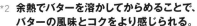

*1 おつまみとして楽しめるように、魚肉ソーセージは大きめに切る。

*2 余熱でバターを溶かしてからめることで、バターの風味とコクをより感じられる。

千代幻豚のしゃぶしゃぶ

太一　「脂の旨味がすごい！ だしのベースがしっかりしているからこその美味しさですね」

岡村　「うまい！ この鍋は間違いなく100点！」

心平　「本当に素晴らしい豚肉！ 新年のいいスタートを切れましたね！」

photo by TAICHI

和 鍋 千代幻豚のしゃぶしゃぶ

材料(3〜4人分)

千代幻豚 肩ロース肉
(しゃぶしゃぶ用)：200ｇ
千代幻豚 バラ肉
(しゃぶしゃぶ用)：200ｇ
千代ネギ：3〜4本
本枯節(削り)：50ｇ
水：1500cc

a | しょうゆ：大さじ2½
　 | 酒：大さじ2
　 | みりん：大さじ1
　 | 塩、はちみつ：
　 | 各大さじ½

本枯節(ソフトパック)、
大根おろし：各適宜

作り方

① だしを取る。鍋に水を入れて火にかけ、沸いてきたら本枯節を加えて3分程弱火で煮出す。火を止め、本枯節が沈んで冷めたらこす。

② 千代ネギは斜め薄切りにする。

③ ①のだし1000ccを鍋に入れて火にかけ、aを加えて混ぜ合わせる。

④ 千代幻豚、②は美しく器に盛る。

⑤ ③のだしに千代ネギを適宜加える。さらに豚肉1枚を入れてしゃぶしゃぶにして、千代ネギを巻くようにしてだしごと食べる。好みで本枯節や大根おろしと一緒に食べる。

千代ネギとは？
千代幻豚と同じ長野県飯田市千代地区で栽培されている伝統野菜。

太一 「だしがキレイ！ 上質な香りがしますね。塩の強さじゃない塩気があって、甘さもすごい。めでたい鍋ですね！」

岡村 「めちゃくちゃうまい！ 全部の具材の旨味が出ているシメも最高ですね」

心平 「全てをつなげているのが、やっぱり昆布！ 昆布の底力が強いからこそ出せる美味しさだと思います」

photo by TAICHI

[和 鍋] クエ鍋

シメまで美味しい！

材料（3〜4人分）

クエ（ぶつ切り）：500g
くらがこい
蔵囲昆布：30g
岩津ねぎ：1本
大葉しゅんぎく：½束
かむろとうふ：1丁

こわくび白菜：300g
ごま油：大さじ1
塩：適宜
水：1000cc

岩津ねぎとは？
日本三大ねぎの一つで、甘さが特徴。品質の高いものを出荷するため、販売解禁日が11月23日と決められている。

大葉しゅんぎくとは？
別名 "鍋しゅんぎく" と呼ばれる、苦味が極めて少ない品種。

かむろとうふとは？
豆乳をにがり100％でかためた、こだわりの豆腐。豆腐屋の山下さんが毎年の気候に合わせた大豆を作り、豆腐作りに生かしている。

こわくび白菜とは？
芯の白い部分は火を加えると驚きの甘さになるという、生産農家さんが10人しかいない超貴重な白菜。

作り方

① だしを取る。鍋に水、蔵囲昆布を入れて1時間以上置く。火にかけて、60〜80℃で1時間蓋をして煮出したら、昆布を取り出す。

② 岩津ねぎは2cm厚さの斜め切りにする。大葉しゅんぎくは葉を1枚ずつはずす。かむろとうふは6等分に切る。こわくび白菜はざく切りにする。

③ ①にクエを加えて中火で煮る。火が通ったら塩大さじ½を加える。かむろとうふを加えて一煮する。

④ フライパンを熱してごま油をひき、岩津ねぎを入れて塩少々を振り、強火で炒める。③に加え、こわくび白菜、大葉しゅんぎくも加えて一煮する。

クエ鍋のシメ

材料
溶き卵：1個分／青ねぎ（小口切り）：適宜／ごはん：200g

作り方
クエ鍋の煮汁にごはんを加え、蓋をして強火にかける。沸いてきたら溶き卵を流し入れ、蓋をして1分加熱する。青ねぎを散らす。

心平編

幻の食材探しの旅

とっておきの鍋を作るべく、"幻の豚肉"を探し求めて長野県飯田市にやってきた心平。
どうして"幻"と言われているのか!? "魔法の脂"とは一体…? そして、食材探しの旅は思いのほか長旅に…?

幻の豚肉探し in 長野県飯田市

#759 幻の食材で究極の鍋作りSP

幻の豚肉の名前「ちよげんとん」

幻の豚肉があるという情報だけを頼りに、地道に聞き込みをする心平。豚肉の名前は"千代幻豚"と判明しましたが、精肉店でも扱っていないため高級和食店『柚木元』へ。▶

和食店で扱われていた千代幻豚。せっかくなのでしゃぶしゃぶをいただくことに。お店の方も太鼓判を押す、そのお味は…?

口に入れてすぐ、「脂ってこんなに美味しかったっけ?」とびっくり。「優しい脂で、やわらかくて口の中で溶けますね!」

千代幻豚が幻と言われる理由

天然記念物並みと言われる貴重な「中ヨークシャー」の肉質の良さを受け継ぐ品種を、岡本さんの父が25年以上かけて品種改良。さらに、日本で千代幻豚を育てているのは『岡本養豚』だけ!

生産者の方を紹介していただき、千代地区にある『岡本養豚』へ。"魔法の脂"を持つと言われている千代幻豚の秘密を探ります。

他の豚よりもゆっくり成長するため、出荷できるのは週に1回、約20頭のみ。ほぼ100%出荷先が決まっており、一般市場には流通することがないのだとか。全国の出荷率は、なんと0.007%!

市場になかなか出回らない千代幻豚はまさに幻! そんな豚肉を今回特別に少し分けていただきました。

幻の豚肉をゲットした心平。
と、そこから…
この豚を使って何の鍋にする? という話になり、急きょ、だしを取るための美味しいかつお節を探しに鹿児島へ向かうことに!
「今から!? まじ?」と言いながらも、心平は『岡本養豚』に別れを告げ、足早に移動するのでした。

最高級かつお節探し in 鹿児島県指宿市

翌朝やってきたのは、海の幸の宝庫、鹿児島県指宿市。最高級のかつお節を作る『坂井商店』で、早速かつお節の作り方を見せてもらいます。

新鮮な状態で冷凍されたかつおを解凍して3枚におろし、煮立ててから手作業で骨を取り除きます。そこから約1カ月間燻して、ようやく荒節が完成。

いよいよ最高級かつお節、"本枯節"作りの工程。荒節の表面を削って成形していきます。心平も挑戦しますが、「難しい! 全然スムーズにいかない」と大苦戦。ここからさらに、カビ付けと天日干しを半年間繰り返します。

本枯節を味見させていただくと、その香りに驚き!「一気に香りが広がりますね!これでだしを取ったらどうなるんだろう!」と期待が膨らみます。

★荒節とは?
一般的に出回るかつお節の8割に使われる。燻したままの状態で、真っ黒な見た目をしている。

★本枯節とは?
荒節の表面を削り、カビ付けと乾燥を繰り返して熟成させたもの。かつお節全体の生産量のわずか3%で、中でも一本釣りのかつおを使ったものは超高級品と言われる。

幻の豚肉に続き、最高級のかつお節を無事ゲット。
美味しいしゃぶしゃぶを作るための準備は順調です!

最高級のだし昆布探し in 福井県敦賀市

クエ鍋に合う昆布を探し、心平は鹿児島県から福井県へまたまた大移動。『奥井海生堂』へ向かいます。ここでは、蔵で寝かせることで昆布臭と磯臭さを取り除き、旨味だけが残る昆布に仕立てた最高級の"蔵囲昆布"を販売。

一番古い33年前の昆布は、あまりにも貴重なため値もつけられないほど。徹底的に温度と湿度を管理した蔵でじっくりと熟成させたヴィンテージ昆布は、超高級品!

昆布だしを熟成年数ごとに試飲させていただくと、長く熟成させたものはやはり格別!「おしゃれなワインと一緒ですね! 味ものせやすいので、欲しがる人が多いのも納得です」

流通しているものは3年前後までの熟成だそうですが、番組15周年ということで特別に、貴重な15年熟成の昆布をいただけることに!

こうして心平の総移動距離約3,000kmの旅は幕を閉じました。

幻の高級魚、クエを求めて長崎県にやってきた太一。
幻と言われているだけあって、釣るのは困難に思えましたが、果たして手に入れることができるのでしょうか？

幻の魚クエ釣りに挑戦 in 長崎県平戸市

★クエとは？

体長1m以上のものもある、スズキ目ハタ科の海水魚。他の魚に比べて成長が遅く、体長1m以上に育つには20年以上かかる。また、群れを作らず1匹が岩礁の隙間に暮らすため、釣り上げるのが難しく、幻の魚と言われている。

★クエ釣りの方法

水深30～80mの岩礁の間に潜んでいるクエ。釣り糸を垂らし、海の底から3m程のところに餌を漂わせて出てくるのを狙う。餌はアオリイカを使用。

まずは平戸市漁協で情報を入手。クエが釣れるという志々伎港へ向かい、クエ釣りに協力してくれる漁師さんを探します。

地元で有名なクエ釣り名人を紹介してもらった太一。海が荒れて漁に出られず、なんと出港はこの2週間で2日だけ！幸運にもそれが翌日とのことで、釣りに出られることに。

ご一緒させていただくのは、手釣りを極めるベテラン漁師の江川親子。今までに50kgのクエを釣ったこともあるのだとか。餌も確認し、明日に向けた準備は万端！

クエ釣りの前に、『磯かつ』にて地元ならではの食べ方でクエを堪能。太一も初めて食べるクエの刺身に、「うまい！食感はしっとりとコリコリの間で、やみつきになる美味しさ！」と大絶賛。

翌朝6時に出港！ポイントまで移動しアオリイカを餌に仕込んで、いよいよクエ釣りがスタート。タイムリミットは6時間。「1投目で釣っちゃうんで！」と強気な太一ですが…？

根がかりで重りを切ってしまい、気分は一転。「釣れない気がする」と早くも弱気に。さらに、クエは慎重な性格のため、2、3度釣り糸を垂らして釣れない場合は移動を繰り返し続ける必要が。

3時間、一度もアタリを引き寄せられず、「やっぱり幻というだけあって難しいね…」と苦戦する太一。カメラに向かって「じゃあやってみなよ！こうなるよ！」となぜか逆ギレ！？

残り時間2時間。ようやく船長にアタリが来たものの、惜しくも失敗。クエは船の近くにはいるようですが、太一のところには一向にアタリが来ず、厳しい状況が続きます。

残り時間30分。いよいよ最後のポイントへ移動。これまで『男子ごはん』の釣り企画では必ず釣り上げてきた太一ですが、このままだと番組史上初の釣果ゼロに！

泣いても笑ってもラスト一投。諦めかけていたその時、太一の釣り竿にヒット！「巻いて巻いて！」と緊迫する船長の声に、うろたえる太一。釣り上げた魚は果たして…？！

#759 幻の食材で究極の鍋作りSP

太一くん幻の高級魚クエGET!

「出た―！見てよ！釣っちゃったよクエ！」釣り上げたのは、重さ8kg、体長約70cmのクエ！残り15分で奇跡を起こした太一。「ドラマ作るよね～！」と大興奮。「美味しく料理してもらわないと困るからね！」

（ こうしてなんとか、究極の鍋のための幻の魚、クエが手に入りました。 ）

心平の今回の旅の総移動距離は、
なんと約3,000km!!
2泊3日の旅でした。

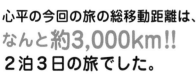

●福井県敦賀市

●長崎県平戸市

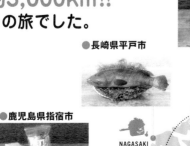

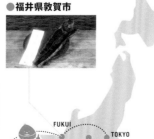

FUKUI

TOKYO

NAGANO

●長野県飯田市

●鹿児島県指宿市

NAGASAKI

KAGOSHIMA

（ ご協力いただいた皆さん、
ありがとうございました！ ）

ハンバーグミートソースパスタ
パセリと卵のポテトサラダ

TAICHI's comment

ハンバーグミートソースパスタは、
レストランのメニューにありそうな一品！
大きめのミートボールのような
ジューシーなハンバーグと
パスタの相性が抜群。
ポテトサラダはパセリの香りと
ワインビネガーの酸味が上品で、
奥深い味わいですね。

photo by TAICHI

洋麺 ハンバーグミートソースパスタ

材料（2人分）

【ハンバーグ】
合いびき肉：250g
卵：1個
ラード、薄力粉、牛乳：
各大さじ1
パン粉：大さじ2
塩：小さじ½
ナツメグ：小さじ⅓
黒こしょう：適宜

スパゲッティーニ：200g
オリーブ油、粉チーズ：
各適宜

【ミートソース】
合いびき肉：250g
玉ねぎ：小1個（200g）
にんじん：½本（90g）
にんにく：1片
オリーブ油：大さじ1
ローズマリー：2本
a｜ 赤ワイン：100cc
　｜ トマト水煮缶
　｜ （ダイスカット）：1缶
デミグラスソース缶：
1缶（290g）
塩：小さじ2
黒こしょう：適宜

作り方

① ミートソースを作る。玉ねぎ、にんじん、にんにくはみじん切りにする。

② フライパンを熱してオリーブ油をひき、にんにくを中火で炒める。香りが出てきたら合いびき肉を加えてほぐしながら炒める。肉の色が半分くらい変わったら玉ねぎ、にんじん、ローズマリーを加えて炒める。

③ しんなりしたらaを加え、たまに混ぜながら中火で5分煮る。デミグラスソース缶を加えてさらに5分煮る。塩、黒こしょうを加えて味をととのえる。

④ ハンバーグを作る。パン粉は牛乳に浸しておく。ボウルにハンバーグの全ての材料を合わせてよく混ぜる。半分に分け、キャッチボールをするようにしながら空気を抜き、ハンバーグ形にまとめる。中央をへこませる。

⑤ フライパン（テフロン加工）を熱して油をひかずに④を並べる。蓋をして弱火で4分焼き、裏返して2分焼く。再度裏返し、2分焼いて取り出す。

⑥ 鍋にたっぷりの湯を沸かしてオリーブ油を加え、スパゲッティーニを袋の表示時間通りに茹でる。茹で上がったらザルに上げて水気をきる。器に半量のスパゲッティーニを盛り、お玉1杯分のミートソースをかけ、ハンバーグ1個をのせ、さらにお玉1杯分のミートソースをかけ、粉チーズを振る。もう1人分も同様に盛る。

SHIMPEI'S POINT
パスタを茹でる湯にオリーブ油を加えることで、麺に油がからんでくっつきにくくなる。

洋菜 パセリと卵のポテトサラダ

材料（2〜3人分）

じゃがいも：300g
茹で卵：2個
パセリ（みじん切り）：10g

SHIMPEI'S POINT
*1 じゃがいもは余分な水分を飛ばすことで、ポテトサラダがゆるい仕上がりになるのを防ぐ。

*2 じゃがいもは崩しすぎずに固形感を残すことで、風味をより味わえる。

a｜ マヨネーズ：大さじ2
　｜ 白すりごま：大さじ1
　｜ 白ワインビネガー：
　｜ 大さじ½
　｜ 砂糖、フレンチマスタード：
　｜ 各小さじ1
　｜ 塩：小さじ⅓
　｜ 黒こしょう：適宜

作り方

① じゃがいもは芽を取って皮をむき、4等分に切る。鍋に入れてかぶるくらいの水を入れて中強火で茹でる。竹串がスッと通ったらザルに上げて、再び鍋に戻し強火にかけて水分を飛ばす。粗熱を取ってから冷蔵庫で30分程冷やす。じゃがいもをザックリと潰す。

② ボウルに茹で卵を入れてフォークで潰し、a、粗みじん切りにしたパセリを加えて混ぜ合わせる。①を加えて混ぜ、ラップをかけて冷蔵庫に入れて冷やす。

2023.01.22 OA

旨辛エビチリ

干し豆腐風中華和え
干ししいたけの酢湯

photo by TAICHI

中菜 干し豆腐風中華和え

材料（2人分）

焼き豆腐：1丁（350g）	a	ごま油：大さじ1½
きくらげ（乾燥）：10g		しょうゆ、すし酢：
香菜：10g		各大さじ1
		塩：小さじ¼

★干し豆腐とは？
豆腐に調味料や香料を加えて、水気を絞り半乾燥させたもの。"豆腐干"とも呼ばれる。

SHIMPEI's POINT　焼き豆腐を使うことで、切った時に形崩れしにくくなる。

作り方

① 焼き豆腐はキッチンペーパーで包んでザルにのせ、豆腐の上に重しをのせて一晩置いてしっかり水きりをする。縦半分に切ってから7mm幅の千切りにする。

② きくらげはたっぷりの水に浸けて戻す。鍋に湯を沸かして水気をきったきくらげを入れ、サッと茹でる。ザルに上げて流水で冷ましてから、水気を絞り、千切りにする。

③ ボウルにaを混ぜ合わせ、①、②、刻んだ香菜を加えて和える。

中 魚 旨辛エビチリ

材料（2人分）

エビ（大）：10尾（250ｇ）
塩：小さじ⅓
黒こしょう：適宜
片栗粉：大さじ2
にんにく、しょうが：各1片
赤唐辛子（小口切り）：
小さじ1
ごま油：適宜
長ねぎ（みじん切り）：適宜

a
水：150cc *1
ケチャップ：大さじ4
オイスターソース：
大さじ2
しょうゆ、紹興酒：
各大さじ1
豆板醤：大さじ½
砂糖：小さじ2
鶏がらスープの素
（半練り）：小さじ1

作り方

① にんにく、しょうがはみじん切りにする。エビは尾を残して殻をむき、背開きにして背ワタを取り除く。塩、黒こしょうを振ってから片栗粉をまぶす。

② aを混ぜ合わせる。

③ フライパンを熱してごま油大さじ2をひき、エビを強火で両面焼く。*2 油が足りなくなったら適宜足す。色が変わったら返して、空いているところに、にんにく、しょうが、赤唐辛子を加えて炒める。

④ 香りが出てきたらaを加えて炒め合わせる。器に盛って長ねぎを散らす。

SHIMPEI'S POINT

*1 あんは水分量を多くサラッと仕上げることで、ごはんとの食べ合わせが良くなる。

*2 エビはまず表面を焼き、あんを加えてから中まで完全に火を通すことで旨味が増して美味しく仕上がる。

中 汁 干ししいたけの酢湯

材料（2人分）

豚バラ薄切り肉：50ｇ
a 干ししいたけ：12ｇ
　 水：250cc
水：250cc
鶏がらスープの素
（半練り）：小さじ1

紹興酒：大さじ1
しょうゆ：大さじ1
塩：小さじ⅕
酢：小さじ2
b 片栗粉、水：各大さじ½

作り方

① aを合わせて干ししいたけをやわらかく戻す。しいたけは汁気を絞る（戻し汁も使う）。軸を落として縦薄切りにする。*1

② 豚バラ薄切り肉は5mm幅に切る。bを合わせて水溶き片栗粉を作る。

③ 鍋に①の戻し汁、水を入れて中強火にかける。沸いてきたら、鶏がらスープの素、紹興酒を加える。再び沸いてきたら豚肉を少しずつ加えて一煮する。*2 ①のしいたけを加え、しいたけがふっくらとしてきたらしょうゆ、塩を加えて混ぜる。

④ 再度混ぜた水溶き片栗粉を加え、中火で混ぜながらとろみをつける。酢を加えて混ぜ、火を止める。

SHIMPEI'S POINT

*1 しいたけは薄く切ることで、スープ全体に旨味が広がる。

*2 豚肉は少しずつ加えることで、スープの温度が下がらずアクが出にくくなる。

ぼくめし 静岡おでん

WINTER 763

第19弾 静岡県編

47 都道府県 ご当地 ごはん

TAICHI's comment

ぼくめしはうなぎとごぼうの相性が良くて驚きました。香りも良く、それぞれの良さを堪能できる料理ですね。おでんはやみつきになる美味しさ！手作りの黒はんぺんは里芋の食感がきいていて美味しいです。

和飯 ぼくめし

材料（3〜4人分）

うなぎのかば焼き（市販品）：1尾
ごぼう：50g
a ┃ 酒：100cc
　┃ みりん、しょうゆ：各50cc
　┃ 砂糖：大さじ½

卵：1個
砂糖：小さじ1
絹さや（塩茹でしたもの）：20g
温かいごはん：2合分

★ぼくめしとは？

炊き上がったごはんに、うなぎと煮たごぼうを合わせた混ぜごはん。太い杭を意味する"木杭（ぼっくい）"が名前の由来とされており、養鰻場のまかない飯として、売りものにならない太すぎるうなぎが出されていたのが誕生のきっかけと言われている。

作り方

① ごぼうはささがきにして水に15分程さらす。うなぎのかば焼きは7mm幅に切る。

② 小鍋にaを混ぜ合わせて中強火にかけ、沸いてきたら水気をきったごぼうを加えて中火で2分程煮る。うなぎを加え、たまに混ぜながら15分程煮る。うなぎを飾り用に適宜取り出す。

③ 卵、砂糖を合わせてよく混ぜる。フライパン（テフロン加工）を熱して卵液を流し入れて広げ、弱火で加熱する。表面が乾いてきたらまな板に取り出す。細切りにして錦糸卵にする。

④ ボウルにごはんを入れ、飾り用以外の②を加えてサックリと混ぜる。器に盛って飾り用のうなぎ、錦糸卵をのせ、斜め細切りにした絹さやをのせる。

材料（4人分）

大根：500g
茹で卵：4個
牛すじ
（茹でて串に刺したもの・
市販品）：4本
ちくわ：小5本
こんにゃく
（アク抜き不要のもの、
5mm厚さに切る）：100g
つみれ（市販品）：6個

【黒はんぺん】
イワシ（3枚におろしたもの）：
3尾分（150g）
サバ（3枚におろしたもの）：
半身分（130g）
里芋：1個（正味70g）
砂糖：小さじ1
塩：小さじ½
a｜片栗粉：45g *1
　｜水：60cc
サラダ油：適宜

【おでんつゆ】

かつおだし：1500cc
しょうゆ：100cc
酒、みりん：各50cc
塩：大さじ½

かつお節粉、青海苔：各適宜

★静岡おでんとは？
具材を色の黒いだし汁で煮込んだ、静岡県のご当地グルメ。魚のすり身で
作った黒はんぺん等の具材を串に刺し、魚粉や青海苔をかけて食べる。

*1 つなぎの水溶き片栗粉は温まるとゆるく
なってしまうため、よく混ぜて冷たい状
態にしておくことで黒はんぺんの形崩れ
を防ぐ。

*2 プラスチック製のまな板を使うことで、
黒はんぺんのタネを崩さずに鍋に入れ
ることができる。

作り方

① 大根は2cm厚さの半月切りにする。鍋に入れてかぶるくらいの水を加え、強火で10分程茹でる。ザルに上げて水気をきる。

② 黒はんぺんを作る。里芋は皮をむいて横半分に切り、ラップで包む。600Wの電子レンジで2分半程加熱する。冷水にさらして冷まし、水気を拭く。サバは小骨以外の骨は取り除き、スプーンで皮から身をはがす。

③ フードプロセッサーにイワシ、サバ、里芋を入れて軽く撹拌する。砂糖、塩を入れ、途中数回に分けて混ぜ合わせたaを加えながら撹拌し、なめらかな生地にする。

④ 鍋に湯を沸かす。*2 平らなプラスチック製のまな板にサラダ油を塗り、その上に③を平たく成形して滑り込ませるように鍋に入れる。中火で加熱し、浮いてきたら20〜30秒茹でる。

⑤ 各具材に竹串を縫うように刺す。

⑥ 鍋におでんつゆの材料を合わせて中強火にかける。黒はんぺん以外を加えて蓋をかぶせるようにのせ、弱火でフツフツと2時間煮る。火を止めてそのまま一晩置く。

⑦ 鍋を再び火にかけ、黒はんぺんを入れて一煮する。器に盛ってかつお節粉や青海苔を振って食べる。

WINTER 764

ペッパー豚トロしば漬けチャーハン
高菜餃子

photo by TAICHI

中 飯 ペッパー豚トロしば漬けチャーハン

材料(2人分)

豚トロ：150ｇ
しば漬け：80ｇ
温かいごはん：400ｇ
青ねぎ：5本
にんにく、しょうが：各1片

卵：2個
サラダ油：大さじ1
しょうゆ、酢：各大さじ1
塩、黒こしょう：各適宜

作り方

① しば漬け60ｇは粗みじん切りにする。豚トロは1cm角に切って塩小さじ⅓、黒こしょうをたっぷり振る。青ねぎは小口切りにする。にんにく、しょうがはみじん切りにする。卵は塩1つまみを加えて溶き混ぜる。

② フライパンを熱してサラダ油大さじ½をひき、豚トロを入れて強火で炒める。火が通ったらいったん取り出す。

③ ②のフライパンにサラダ油大さじ½をひき、にんにく、しょうがを入れて中強火で炒める。香りが出てきたら卵液を流し入れ、すぐにごはんを加えてフライパンに押さえつけながら加熱する。木べらでごはんと卵を混ぜてほぐしながら炒める。

④ パラッとしてきたら②、①のしば漬けを加えて炒め合わせる。鍋肌からしょうゆ、酢を加え、味をみて足りなければ塩小さじ⅓を加える。青ねぎを加えてザッと混ぜる。

⑤ 器に盛って残りのしば漬け20ｇを添える。

SHIMPEI'S POINT 豚トロの下味に黒こしょうを多めに使うことで、肉の旨味と黒こしょうの風味を強く感じられる。

中 肉 高菜餃子

材料(2〜3人分)

餃子の皮(大判)：1袋
高菜漬け：80ｇ*1
豚ひき肉：200ｇ
しょうが：1片
a ┌ 白炒りごま、ごま油：
　│ 各大さじ1
　│ 酒：大さじ½
　│ 片栗粉：小さじ1
　│ 塩：小さじ¼
　└ 黒こしょう：適宜

サラダ油：適宜
水：適宜

【みそだれ】*2
にんにく(すりおろし)：½片分
みそ：大さじ1½
すし酢：大さじ1
みりん：小さじ1
豆板醤：小さじ½

作り方

① 高菜漬けはみじん切りにし、水分が多ければ絞って水気をきる。しょうがはみじん切りにする。ボウルに入れ、豚ひき肉、aを加えてよく混ぜ合わせる。

② 餃子の皮の縁にぐるりと水をつけ、①をスプーンですくって大さじ½程度をのせ、半分に折り、ひだを寄せながらピッチリと閉じる。

③ フライパンにサラダ油小さじ1をひき、②を6、7個並べて火にかけ中火で加熱する。パチパチ音がしてきたら水50ccを加え、蓋をして蒸し焼きにする。水分が少なくなって焼き目がついたら、焼き目を上にして器に盛る。残りも同様に焼く。

④ みそだれの材料を混ぜ合わせて添える。

SHIMPEI'S POINT

*1 餃子の具として定番のキャベツや白菜等の野菜をあえて入れないことで、高菜漬けの旨味を十分に味わえる。

*2 餃子そのものはあっさりとしているので、みそだれと合わせて食べることで違った味を楽しめる。

WINTER
765

エスニック レタスしゃぶしゃぶ
穂先メンマとねぎの簡単チヂミ
チョコタルト

photo by TAICHI

亜 鍋 エスニック レタスしゃぶしゃぶ

シメまで美味しい！

材料(2人分)

レタス：1個
豚バラ肉(しゃぶしゃぶ
用)：200g
香菜：1束
a ┌ 水：900cc
  │ 鶏がらスープの素
  │ (半練り)、酒：
  │ 各大さじ1
  │ にんにく、しょうが
  │ (各みじん切り)：
  └ 各1片分
フォー(乾麺)：100g

【スイートチリだれ】
スイートチリソース：
大さじ3
ナンプラー：大さじ1½
酢：大さじ1
【にんにくしょうゆだれ】
にんにく(縦薄切り)：
2片分
赤唐辛子(小口切り)：
小さじ1
しょうゆ：50cc
レモン果汁：大さじ1

作り方

① レタスは芯を取り除き半分にちぎる。香菜は刻んで、シメ用に少量とっておく。器に豚バラ肉とともに盛る。それぞれのたれの材料を混ぜる。

② 鍋にaを混ぜ合わせて強火にかける。

③ フツフツしてきたら、レタス、香菜、豚肉を入れてサッと茹でる。それぞれのたれをつけながら食べる。

④ シメは、残った鍋のスープに袋の表示時間通りに茹でたフォーを加えて一煮し、香菜を加える。

穂先メンマとねぎの簡単チヂミ

材料（2人分）

長ねぎ：1本（150g）
穂先メンマ：40g

a ┌ 牛乳：大さじ3
　│ 薄力粉、片栗粉：
　│ 各大さじ2
　└ 塩：小さじ¼

ごま油：大さじ2
塩：小さじ⅕

b ┌ 酢、ラー油：各適宜

★穂先メンマとは？
"麻竹"という、たけのこの先端部分を発酵させたもの。やわらかい食感が特徴。

作り方

① 長ねぎは5cm長さに切って縦半分に切る。aは混ぜ合わせる。

② フライパンを熱してごま油をひき、長ねぎをほぐしながら入れて強火で焼きつける。焼き目がついたら穂先メンマを加えて炒める。

③ 丸くまとめて、上からaを流し入れる。中弱火でじっくり焼き、焼き目がついたら裏返して両面を押しつけながらこんがりと焼く。塩を振って味をととのえる。

④ 器に盛って混ぜ合わせたbを添える。

チョコタルト

材料（作りやすい分量）

冷凍パイシート
（常温に戻したもの）：
½枚（75g）
白炒りごま、塩、
黒こしょう：各適宜
白米（重し用）：適宜*4

【チョコレートクリーム】
ミルクチョコレート：
200g
生クリーム：100cc

*1 型はフッ素加工のものがオススメ。無い場合は型に油を塗るか、クッキングシートを敷くことで生地がはがしやすくなる。

*2 パイ生地が膨らむとチョコレートクリームが入らなくなってしまうため、膨らまないように重し用の白米をのせる。間にアルミホイルを敷くことで、生地の中に白米が入り込むのを防ぐことができる。

*3 チョコレートが分離するのを防ぐため、最初に加えたチョコレートが溶けたらとろ火にする。

*4 重し用の白米は焼いた後、リゾット等に使用するのがオススメ。

作り方

① オーブンは160〜170℃に予熱しておく。

② パイシートは麺棒で型より一回り大きくのばす。型（フッ素加工）*1にかぶせて敷き詰める。麺棒を転がして余った部分の生地を切り離す。生地の上にアルミホイル*2を敷き、重し用の白米を均等にのせる。オーブンで約15分焼く。取り出して白米をアルミホイルごとはがし、常温で粗熱が取れるまで冷ます。

③ ミルクチョコレートは砕く。小鍋に生クリームを入れて弱火にかけ、フツフツしてきたらチョコレート*3を数回に分けて加えて溶き混ぜる。

④ ③を②に流し入れて白炒りごま、塩、黒こしょうを振る。冷蔵庫で2時間程冷やしかためる。

WINTER 766

肉ニラもやしあんかけ麺
セロリとベーコンの黒酢スープ

TAICHI's comment

あんかけ麺はとろりとしたあんが
麺によくからんで美味しい!
酢を加えても、味がしまっていいですね。
黒酢スープは酸味が強すぎず、
さっぱりと食べやすいです。

photo by TAICHI

中 麺 肉ニラもやしあんかけ麺

材料（2人分）

焼きそば用麺：2玉
豚バラ肉（焼き肉用）：200g
ニラ：½束
もやし：1袋（200g）

塩：小さじ⅓
黒こしょう：適宜
サラダ油：大さじ3
和辛子、酢：各適宜

a
水：100cc
しょうゆ：大さじ1½
みりん、酒：各大さじ1
片栗粉、
オイスターソース：
各小さじ2
鶏がらスープの素
（半練り）：小さじ1
砂糖：小さじ½

SHIMPEI'S POINT

*1 麺は両面焼くことでパリパリの食感になり、とろとろのあんと相性抜群の仕上がりになる。

*2 合わせ調味料は時間が経つと沈殿してしまうので、もう一度よく混ぜ合わせてから加える。

作り方

① ニラは5cm長さに切る。豚バラ肉は1cm幅に切って塩、黒こしょうを振る。焼きそば用麺は袋に入ったまま600Wの電子レンジで2分半加熱する。aは混ぜ合わせる。

② フライパンを熱してサラダ油をひき、焼きそば用麺をほぐしながら入れたら、いじらず焼きつけるように強火で炒める。*1 焼き目がついたら裏返してもう片面も焼く。両面がカリッとしてきたら器に盛る。

③ ②のフライパンに豚肉を入れて強火で炒める。少し焼き目がついたらもやしを加えて炒める。もやしが半透明になってきたらニラを加えてザッと炒める。

④ 再度よく混ぜ合わせたaを加えて中火でとろみがつくまで煮詰める。*2

⑤ ②に④をかける。好みで和辛子、酢をかけて食べる。

中 汁 セロリとベーコンの黒酢スープ

材料（2人分）

ベーコン：40g
セロリ：½本（50g）
ごま油：大さじ½
a
水：300cc
酒：大さじ1
鶏がらスープの素
（半練り）、
オイスターソース、
しょうゆ：各小さじ1

b 片栗粉、水：各小さじ1
黒酢：大さじ1

作り方

① ベーコンは1cm幅に切る。セロリは筋を取って5mm厚さの輪切りにする。aは混ぜ合わせる。

② 鍋を熱してごま油をひき、ベーコン、セロリを加えて中強火で炒める。油が回ったらaを加えて2分半程煮る。

③ よく混ぜ合わせたbを加えてとろみがつくまで一煮する。火を止めて黒酢を加える。

SHIMPEI'S POINT

火を止めてから黒酢を加えることで、余熱で程良く酸味を飛ばすことができる。

Home Party
リゾートで
ホムパ
しよう！
in RESORT

Home Party
リゾートで
ホムパ
しよう！
in RESORT

「美味しい！」が飛び交う
幸せな時間

"読者の皆さんに、書籍ならではの楽しみをお届けしたい！"と、毎号、太一、心平がアイデアを出し合ってきた巻末スペシャル。『男子ごはんの本 その13』と『その14』では、番組とは趣向を変えて"太一が自ら腕を振るったオリジナル料理で心平をおもてなしする"という特別なレシピをお披露目しましたが、今回はリゾート感あふれる空間で、ホームパーティーにぴったりのレシピを心平が披露することに！ 奇しくも番組の放送開始から15周年、書籍も『その15』という節目を迎えるこのタイミングにふさわしい、華やかなテーブルを囲むひと時は、何度も「美味しい！」が飛び交う幸せな時間となりました。

身近な食材が、ひと手間で ごちそうに変身

「今日は心平ちゃんがたくさん作ってくれるから…ごめんなさい！ 僕はほとんど仕事していません！」と、料理の完成を楽しみに笑顔の太一。

「何それ？ 美味しそう！」と太一の視線の先には新鮮な生ハムが。そのままでも最高のおつまみだけど、どんな料理に進化するのか、想像するのも楽しい。

カルパッチョに添えるソース作り。爽やかな柑橘系の香りがキッチンに立ち込めると、アロマ効果のおかげ!? 自然と癒やされる空間に変化。

心平の技がさく裂！ 同時進行で次々と 料理を仕上げていく

　天井まで大きく切り取られた吹き抜けの窓からはたっぷりと自然光が差し込み、その奥には緑の木々が広がる。そんなリゾートの風情を感じられるキッチンに、まずは心平が太一より一足先に登場。今回のレシピのためにあらかじめ下ごしらえをしたという半熟味つき卵を携えて「実は昨日、コレを仕込むのを忘れそうになってて…やばい！って、焦って作りました（笑）」と言いつつ、エプロンの紐を結んでシンクの前へ。早速、調理に取り掛かります。心平の作業には一切の迷いがなく、驚くほどスピーディー。番組では工程を段階ごとに分かりやすく説明しながら進めていきますが、今日はその必要がないので、すばやい動きで包丁を操っていきます。あっという間に美しく切りそろえられた食材が並ぶと、リズミカルに鍋やフライパンに入れられ、いかにも美味しそうな匂いが立ち込めていく――まるで魔法のようなプロの技にスタッフが見惚れていると、太一が満面の笑みで合流。

「この料理は、ちょっとした箸休めに最高なんですよ」と心平。薄切りにしたさつまいもが黄金色に揚がり、香ばしい匂いに包まれます。

"作りながら飲む"のが、至福の瞬間。耐え切れず、「もう飲んじゃっていいですか!?」と、キンキンに冷えたビールをグラスに注いでゴクリ。

「うまそう! 今日は何品作る予定なの?」(太一)、「6品です」(心平)、「6品!? すごいね〜! もしかして心平ちゃん、今日のために考えてくれた新作?」(太一)と、一気に賑やかになるキッチン。「見た感じ、イタリアンっぽいね」(太一)、「イタリアンというよりは、和洋折衷な感じですかね〜」(心平)と調理の段階ではあえて細かい説明はせず、黙々と作ることに集中していきます。

そして、いよいよ完成間近となると"一番美味しい瞬間に食べてほしい"とまずは前菜から順番に器に盛られ、ホームパーティーメニューの全貌が明らかに。するとたまらず「早く食べたい! 乾杯しようよ!」と率先して食卓を準備する太一。いよいよ、待望の"ホムパ"のスタートです!

全てのレシピに工夫を凝らした
これぞ心平流のおもてなし！

生ハムの白和え

あぶりサーモンと柑橘のジュレ

味つき卵とトマトのブルスケッタ

からすみパスタ

さつまいもチップス

煮込みジンジャーポーク

一皿ごとに多彩な
味わいを楽しめる
驚きと発見のメニュー

"休日に訪れたリゾートで食べたい！ 見た目は豪華だけど、
手軽に作れるパーティーメニュー"をテーマに心平が考案し
た、絶品のレシピたち。前菜は生ハムを添えた白和え、脂が
のったサーモンをカルパッチョ仕立てでいただく一皿、箸休
めに最適なチップス、食感が楽しいブルスケッタ、じっくり
煮込んだ旨味満載のジンジャーポーク、そして贅沢にからす
みを使ったパスタ…と目にも鮮やかな6品が完成！

和 豆　生ハムの白和え

材料（3〜4人分）

生ハム：50 g
豆腐（絹）1丁
a ┌ 白練りごま：大さじ1
　├ 薄口しょうゆ：大さじ1½
　├ 砂糖：大さじ1
　└ 塩：小さじ¼
ディル：適宜
オリーブ油：適宜

作り方

① 豆腐はキッチンペーパーで包んで網にのせて
　バットで受ける。豆腐の上に重しをのせて30分
　置き、水きりをする。

② すり鉢に①を入れてなめらかになるまで混ぜ
　る。aを加えて和える。

③ 器に②を敷き、生ハムをのせ、刻んだディル
　を散らす。オリーブ油を回しかける。

豆腐meetsイタリアン！
和の食材を
大胆にアレンジ

和 肴　さつまいもチップス

材料（作りやすい分量）

さつまいも：1本
揚げ油：適宜
a ┌ 青ねぎ（小口切り）：1本分
　├ マヨネーズ：大さじ2
　├ フレンチマスタード、レモン果汁：各小さじ1
　└ 黒こしょう：適宜

作り方

① さつまいもは皮つきのまま極薄い輪切りにす
　る。サッと水にさらし、キッチンペーパーで水
　気を丁寧に拭く。

② 揚げ油を170℃に熱し、さつまいもを中火で
　揚げる。カリッときつね色に揚がったら、網
　に取って油をきり、器に盛る。

③ aを混ぜ合わせて器に盛り、②に添える。ソー
　スをつけながら食べる。

カリカリの食感が最高！
酸味のきいたソースが
飽きない美味しさ

味つき卵とトマトのブルスケッタ

伊 肴

材料（3〜4人分）

バゲット：½本
卵：3個
a ┃ しょうゆ：50cc
　┃ すし酢：25cc
　┃ 砂糖：大さじ1
フルーツトマト（シシリアンルージュ）：2個
オリーブ油、黒こしょう：各適宜

作り方

① 湯を沸かして冷蔵庫から出した卵を入れ、7分茹でる。冷たい水に取って冷まし、殻をむく。aを混ぜ合わせて卵を一晩漬ける。

② ①の卵をボウルに入れてフォーク等で崩し、①の漬け汁小さじ1を加えて和える。

③ フルーツトマトは5mm角に切る。

④ バゲットは1cm厚さに切って軽くトーストする。バゲットに②、③をのせて器に並べ、オリーブ油を回しかけて黒こしょうを振る。

隠し味のすし酢が
爽やかなアクセント
サクッと手軽なおつまみ

あぶりサーモンと柑橘のジュレ

伊 魚

材料（3〜4人分）

サーモン（刺身用）：1さく（200g）
穂じそ：3本
みょうが：1本
塩、オリーブ油：各適宜
【柑橘ジュレ】
かぼす果汁：50cc
砂糖：大さじ1
塩：小さじ⅓
粉ゼラチン：2g

作り方

① 柑橘ジュレを作る。小鍋にかぼす果汁、砂糖、塩を入れて火にかけ、沸いてきたら火を止めて粉ゼラチンを加えて混ぜる。バット等に流し入れる。冷蔵庫で3時間程冷やしかためる。フォーク等で崩す。

② 穂じそはこそぎ、みょうがはみじん切りにする。

③ フライパンにオリーブ油小さじ1を熱し、サーモンの表面をサッと焼く。粗熱が取れたら5mm厚さにスライスして器に並べ、塩2つまみを振る。②を散らし、①をのせる。オリーブ油を回しかける。

柑橘の風味がたまらない
目にも鮮やかな
美しい一皿

やわらかく煮込んだ
豚肉は定番の美味しさ
白いごはんのおかずにも◎！

洋 肉 煮込みジンジャーポーク

材料（3〜4人分）

豚肩ロース肉（ソテー、とんかつ用）：400g
塩：小さじ½
黒こしょう：適宜
玉ねぎ：70g
りんご：60g
にんにく、しょうが：各10g
バター：10g
a｜水：200cc
　｜酒：大さじ2
　｜しょうゆ：大さじ3
茹でもやし：100g

作り方

① 豚肩ロース肉は一口大に切って塩、黒こしょうを振る。

② 玉ねぎ、りんご、にんにく、しょうがはすりおろす。

③ フライパンを熱してバターを溶かし、①を入れて強火で焼く。表面の色が変わったら豚肉を寄せて空いたところに②を加え中火で炒める。玉ねぎが薄く色づいてきたらaを加える。たまに混ぜながら中強火で10分煮る。

④ 器に③、茹でもやしを盛る。

伊 麺 からすみパスタ

材料（2人分）

フェデリーニ：200g
にんにく：2片
オリーブ油：大さじ3
塩：小さじ⅔
からすみパウダー：大さじ3
青ねぎ（小口切り）：3本分

作り方

① にんにくは横薄切りにする。フライパンにオリーブ油とにんにくを入れて火にかけ、カリカリのきつね色になるまで揚げ焼きする。火を止めて、にんにくはキッチンペーパーの上に取り出し、油はフライパンに残しておく。

② フェデリーニは袋の表示時間より1分短く茹でる。

③ パスタが茹で上がる1分前に、①のフライパンに塩小さじ⅔、茹で汁大さじ3を加えて、混ぜながら強めの中火にかけて乳化させる。茹で上がった②、青ねぎ、からすみパウダー大さじ2、砕いたにんにくを加えて和える。

④ 器に盛って、からすみパウダー大さじ1をかける。

シメは間違いないパスタで
パーティーの最後を飾る
贅沢な一皿

最初の乾杯は、太一はシャンパン、心平はビールで！ 他にも赤、白ワインなどテイストの違う数種類のお酒を用意し、料理に合わせて楽しむことに。

太一は、サーモンに添えられたジュレにも注目。「かぼすのジュレなんて作るの大変そう。時間かかったんじゃない？」(太一)、「ゼラチンでかためるだけなんで簡単です」(心平)、「サーモンと食べると、すごくさっぱりしますね」(太一)、「サーモンは表面を少しあぶってから切ってます。サーモンの脂臭さが消えるんです」(心平)。

食べて、飲んで、語り合って… 思わず笑顔があふれます

「心平ちゃん、今日はありがとう！」とグラスを合わせて、まずは前菜の白和えを口に運ぶと、その美味しさに思わず悶絶する太一。「豆腐のもったりした食感と、生ハムの塩味が最高！」。シャンパンとの相性も抜群だったらしく「コレ昼時に飲むには持ってこいの味だよね。止まんないやつ！」とお酒も進みます。ここですかさず、さつまいものチップスに手を伸ばし「これもうまい！ 無限に食べられる味」と、うっとり。続くブルスケッタは「半熟卵を一晩漬けたんですよ」と、心平の真心が詰まった一品。「和食っぽい感覚もあって、新鮮だね。"ウマスケッタ"だ！」と一皿ずつ感想を語り合う2人。続くあぶりサーモン、ジンジャーポーク、パスタまで、美味しさを思う存分、味わい尽くしました！

料理を堪能した後は
2人でまったりトークタイム

**手間を惜しまず
細部まで計算し尽くされた
メニューに驚き！**

太：心平ちゃん、今日は最高の料理をありがとう！ 心平ちゃんには番組で数えきれないほど料理を作ってもらっているけど、番組で紹介するレシピには毎回テーマや設定がしっかりあるわけじゃない？ でも、今日の撮影は「リゾートでホームパーティーしよう」っていう大まかな方向性はあるけど、あとは比較的、自由だから。ある意味、僕をおもてなしするっていう気持ちで考えてくれたのかな？って、すごくうれしかった。ちなみに、今回のメニューって、最初に何から作ろうって決めたの？

心：生ハムの白和えですね、前菜から。コレ太一さんが好きそうな味だな、と思って。

太：え、意外⁉ 前菜から構成していったんだね。

心：最近、単一な味よりも、もったりとしたまろやかな味と、真逆の尖った味を合わせるのが自分の中でブームなんです。白和えもそうじゃないですか？ あのもったりし

た食感に、生ハムの塩味が刺激になる。

太：それって、本当に料理を知っている人じゃないとできない組み合わせじゃない？ しかも、和とイタリアンの食材で、下手したらケンカしちゃうかもしれないし。でも、最高のバランスでからみ合うって…心平ちゃん、成長したよ！（笑）

心：ありがとうございます（笑）。サーモンも同様に、サーモン自体は脂が多くてとろけるような旨味だけど、そこに柑橘のジュレが入ることでピンって味が尖る。

太：流石だね〜！ ジュレなんてホームパーティーで出てきたら最高におしゃれだし。柑橘系を選んだのも、僕がさっぱりした味つけが好きだからでしょう？

心：そうですね。

太：すごいよね。さつまいもチップスは、ずっと食べ続けられる味（笑）。片手で気楽につまめるパーティーメニューっていうのも楽しかったな。

心：ソースに酸味があって、市販のサワークリームオニオンのポテトチップスみたいな味ですよね。これは完全に箸休め。もっ

たりした白和えの後に2～3枚、サク
サクした食感をはさんで、その後にやわらかいサーモンを食べて、またチップスでリセットして…。食感の違いを出すことで、飽きることなく延々と食事を楽しめますよね？

太：サーモンは生のままでも十分美味しいと思うんだけど、サッとあぶって臭みを消しているんだよね。その一手間がすごい！

心：気づいてくれました？ 太一さんも成長しましたね！

太：(笑)。ちゃんと心平ちゃんの話聞いてるでしょ？ あとブルスケッタ。昨日から味つき卵を用意してくれてたなんて！

心：最近、半熟卵って美味しいなとあらためて思うことがあって、使ってみました。

太：ジンジャーポークは濃厚な味わいで、食感はとろっとしていて、ちょっと肉じゃがみたいな感覚でした。

心：実は、豚肉料理にもやしを添えたのは、完全に太一さんへの忖度です(笑)。太一さん、もやしのシャキシャキ感が好きでしょう？

太：はい、好きです！ すみません、わがままで(笑)。完全に僕のこと分かってくれてますね～！ ここでも食感の違いを出してくるのがすごい。シメのパスタは、どうしてからすみに？

心：これも太一さんをイメージして。太一さんの場合、パスタのソースはクリーム系じゃなく、オイル系がいいなって。

太：シメまで僕の好物を意識してくれたんですね。今日作ってくれた料理は全部美味しかったけど、構成が本当に素

晴らしかった！

心：おもてなしって、実はメインをどうするかよりも、いかに冒頭にインパクトを持ってくるかが大事なんですよね。だって、最初に「美味しい！」って喜んでもらわないといけないし、長時間、食事をしているとどうしても飽きてきてしまう。コースで1～2時間食事をしていたら、メインやシメの頃にはもう舌が新鮮味を失っているかもしれません。だから僕は、あえて一皿目が重要だと思っていて。あとはどう飽きさせないか、食感やバランスを考えながら組みますね。

太：へ～！ 勉強になったな。僕も前回、前々回と『男子ごはんの本』で心平ちゃんへのおもてなし料理を作ったけど、正直そこまで料理の引き出しが多いわけじゃないから、自分で作れるレシピの範囲内で構成してた。

心：そうでした？ 太一さんのおもてなし料理、最高でしたよ！

太：当然、心平ちゃんの好みは意識したけど、そこまで完璧に考えられていなかったと思う。でも、心平ちゃんはおもてなしされる側をちゃんと理解して、僕のことを考えて作ってくれる。最高だよ！

日々の生活の中にある
"おもてなしに
心動かされる瞬間" とは？

太：心平ちゃんのおもてなし哲学って、あったりする？

心：さっきも言いましたが、飽きさせることと、宴席が中だるみすることが嫌いだから、それが無いようにしっかり料理の段取りをする、ということですかね。今日の6品だったら、前菜含めた4品は最初から出しておいて、1時間くらいお酒と一緒に楽しんで。その後、温かいジンジャーポークを出したら鉄板じゃないですか？ そして、最後はパスタでシメる。

太：すごく計算されていますね。

心：でも、普段ホームパーティーやる時、6品で終わることはまず無いですね。

太：すごい！ そうなんだ。

心：あと3品は必ず足しますね。

太：ちなみに、何が足されるの？

心：なんでしょう？ お客さま次第だけど、スープ的な汁気のある料理は足したいですね。最後にごはんもの、シメは欠かせないですけど。太一さんは、どんなおもてなしをされた時に感動しますか？

太：外食の場合だと…和食屋さんで、僕が左利きだから、お店の方がそれに気づいて、お箸の向きを変えてくれた時かな。最初は普通に置いてあるんだけど、次にお箸を並べてくれた時、自然に僕が取りやすい向きに変わっていた、とかね。「よく見てくれてる！」って、うれしくなる。あと、カウンターでお寿司をいただく時に、お寿司の置き方が絶妙な職人さんに出会ったら「すごい！」って思う。食べやすいところに、さり気なく置いてくれるんだよね。

心：そう思うと、やっぱりおもてなしは相手

の立場に立つことが大事なんですね。

太：あとはサプライズも大事だよね。友達との食事やキャンプの時、誕生日が近かったりすると、何をして喜ばせようかって考える。

心：キャンプでのごはんは、僕は一応"飯頭"として、料理に徹します。基本、旦那さん衆と僕で作って。で、女性陣にはくつろいでお酒飲んでもらって…みたいな。

太：それは完全に日頃の大感謝祭ですね！

心：あまり気づかれないですけどね（笑）。肉が好きな人がいたら、普段はあまり買わないようなバックリブとか、大きなお肉を仕込んでおいたりもしますね。事前の準備は大事です。

太：おもてなしされる側も、感謝の気持ちを忘れちゃいけないですよね。気づくことが大事！

15周年を迎え、2人が考える『男子ごはん』のこれから――

太：2023年4月で『男子ごはん』は15周年。もちろんここがゴールではなくて、15年間番組を好きでいてくれた視聴者の皆さんを飽きさせないためにも、さらに多くの人に番組を好きになってもらうためにも、いつまでも新鮮な気持ちでやることがすごく大切だとあらためて思います。

心：僕は番組に関わってから11年ですが、思い返してみると、作っている料理の感覚が最初の頃とは全然違う気がするんですよね。だんだんと簡素化して、工程の中に、より美味しくなるポイ

トを入れ込むようになってきました。肩肘張って作る料理ではなくて、繰り返し作ってもらえるように、レシピを研ぎ澄ましていけたらと思っています。

太：あと、15年前と今では、僕の舌や、食の好みが当たり前に変わってきてると思うし、そういった自分の中の変化も一緒に楽しんでいけたらいいなと思いますね。番組の流れも、ここ数年の生活環境の変化に沿って変わってきたよね？

心：テーマが時代に即して先鋭化してきたというか。定番になりつつある米粉や、瓶入り食材のようなSDGsに関係する内容や…"お酒"に合うおつまみじゃなく、ピンポイントに"レモンサワー"に合うおつまみとか？（笑）

太：うんうん（笑）。新しいことも取り入れつつ、定番祭りや季節の和定食みたいに、料理番組として基本や旬を伝えていく、そういった部分も大切にしていけるといいね！

心：そうですね。

太：この1年で印象的だったのはFIFAワールドカップの対戦国の料理かな。心平ちゃん、大変だったんじゃないですか、コスタリカ料理！

心：実際に食べたことがない料理で、手探り状態ではありましたね。

太：普通の料理番組はやらなそう（笑）。でも、こういう時ならではの料理を取り上げられて、W杯が盛り上がる中で『男子ごはん』らしいサッカーの楽しみ方ができたよね！ 毎年恒例のキャンプ回でベランダ飯さんが紹介してくださった料理も新鮮だった。ホットサンドメーカーって、やっぱりキャンプ料理の定番なのかな？

心：うん、キャンプ向きですよね！

太：僕、これまでなかなか手を出せなかった道具だなぁ。ベランダを有効活用して、ホットサンドメーカーでいろんなものを作って、おうちにいながら手軽にアウトドアを楽しむ。そんな一つのことを追求しているその道のプロから新たなレシピを教えてもらえたのは、すごく良かった。

心：時代から生まれた新しい形な気がしますよね。

太：ホットサンドだけじゃないよ！っていうね（笑）。

心：15周年まできた『男子ごはん』、次に目指すは、とりあえずは20周年ですかね？ その時には太一さんは50歳を越えていて、僕も50歳近くになるので…どういうテンションになっているんですかね？

太：ねぇ！「男子ごはん！」って、番組冒頭のポーズ、肩が上がらないとか、腕の角度が変わってる可能性だってあるよ（笑）。まぁ、でもこんなに長年、何を評価していただいているのかと言えば、料理はもちろんだけど、やっぱり空気感もすごく大事なんじゃないかなって思ってて。数年後も僕や心平ちゃんが、言葉でははっきりと言わなくても、充実している姿が画面から視聴者の皆さんに伝わる、日曜日のほっこりとする時間を変わらずにお届けしていけたらいいですね。

心：僕たちの生活環境もリアルに変わっていきますし、それも自然と空気感に出てきますよね。

太：そうだね！

心：番組では楽しい空気を感じていただきつつ、実用的ですぐにできるレシピが増えたと思うので、日常の料理にぜひ『男子ごはん』を活用してもらいたいです。

太：心平ちゃんの選りすぐりのレシピ、これからも楽しみです！

Carl Hansen & Søn ／ ACTUS ／ 1616/arita japan ／ JIN KURAMOTO STUDIO ／ Playmountain

素材・ジャンル別INDEX

主食・メインのおかず

国分太一 こくぶんたいち

1974年生まれ。1994年、TOKIOとして『LOVE YOU ONLY』でCDデビュー。ミュージシャン、タレント、番組MC等、様々な顔を持つ。2021年、株式会社TOKIOを設立。2022年、福島県西白河郡西郷村に「TOKIO-BA」を整備する等、精力的に新規プロジェクトを立ち上げている。本書では、料理写真の撮影を担当。

栗原心平 くりはらしんぺい

1978年生まれ。料理家 栗原はるみの長男。(株)ゆとりの空間の代表取締役として会社の経営に携わる一方、料理家としても活躍。全国各地で出会った美味しい料理やお酒をヒントに、ごはんのおかずやおつまみにもなるレシピを提案している。現在子ども向けオンライン料理教室「ごちそうさまクッキングスクール」を主宰。

「男子ごはん」番組スタッフ

制作／プロデューサー	穂苅雄太
	山地孝英
演出	掛水伸一
ディレクター	古郡武昭・柿田 隼・浅野耀介・三澤香恋
AP	橋本佳奈
AD	藤本日向子・岡本ひな子・宮本莉沙
デスク	後藤由枝・小椋美沙

構成／山内浩嗣・本松エリ・中野恵介・辻井宏仁・岩田竜二郎

男子ごはんの本　その15

国分太一
栗原心平

2023年4月20日　初版発行

発行人	藤島ジュリーK.
発行所	株式会社エム・シィオー
	〒107-0052　東京都港区赤坂9-6-35
	TEL　03-3470-0333
発売元	株式会社KADOKAWA
	〒102-8177　東京都千代田区富士見2-13-3
	TEL　0570-002-008(KADOKAWA購入窓口)
	※購入に関するお問い合わせ、製造不良品につきましては、上記ナビダイヤルで承ります。
印刷・製本所	大日本印刷株式会社

書籍スタッフ

アートディレクション＆デザイン	佐藤重雄(doodle＆design)
フードコーディネート	下条美緒／高橋まりあ(ゆとりの空間)
撮影	国分太一(料理)
	栗原 論(カバー、P.2〜3、P.118〜133)
広報スチール	野本佳子・鄭有晌
スタイリング(costume)	九(Yolken)
スタイリング(interior)	作原文子(カバー、P.2〜3、P.118〜133)
ヘアメイク	原熊由佳(カバー、P.118〜133)
DTPワーク	木原幸夫(Seek.)
プリンティングディレクター	加藤剛直(DNP)
制作進行	木村俊彦、河邊純一(KADOKAWA)
編集	西埜裕子、古山咲樹、青山彩香(MCO)
編集協力	テレビ東京
	ジェイ・ストーム
協力	ジーヤマ

Green Power

この書籍の本文の印刷及び製本する際の電力量(2,100kWh)は、自然エネルギーでまかなわれています。